受験する前に知っておきたい

# 保育士の専門常識 基礎知識

LEC東京リーガルマインド講師
木梨美奈子

## はじめに

### 保育士の仕事から求められる人材を知る

　保育士は保育所で0歳から就学前までの子どもの世話することが多いですが、18歳までの子どもの成長と自立の手助けをするのが仕事の範囲です。また、保護者の子育ての相談に応じることで、悩みや不安の解消へと導くことも保育士の大切な仕事のひとつです。そのため、子どもや保護者の様子を読み取る観察力や、あせらずに子育ての問題解決に取り組める持続力が必要とされます。さらに、子どもや保護者の話を漏らさずに聞き、良好な関係を築くためのコミュニケーション能力も求められます。

### 保育士の仕事は幅広く、さらに広がっている

　もっとも保育士が多く働いているのは保育所ですが、児童福祉の現場では多くの保育士が働いています。また、保育士の活躍の場は近年広がりつつあり、病院での病児保育やデパートなどの託児室、ベビーシッターなど、さまざまな保育ニーズに応えるための職場が増えています。それぞれの職場では、保育士に求められる知識や技術が異なり、勤務形態もさまざまですので、あなたに合った職場を探すためには、事前にそれぞれの職場の仕事内容や保育状況を知っておく必要があります。

ぜひ本書を活用して、保育士についての理解を深めましょう。そして子どもや保護者のために活躍し、あなたの理想とする保育士になってくださいね。

## 保育士に必要な知識とは

　子どもの成長と自立をサポートする保育士は、子どもの心身の成長と安全を守る児童福祉を支える存在です。つまり保育士は、さまざまな状況におかれた子どもと保護者に、最善の子育て環境を提供する立場にあるのです。そのため、基本的な保育知識はもちろんですが、変化の激しい保育環境に関する最新の知識や、子どもや保護者から信頼を得るための言葉遣いやマナーなどの知識が保育士には必要です。

　本書は保育士になりたいと考えている人のために、どんな知識が必要で、どのような準備をしておけばよいのかを説明することに重点をおいています。保育実践のための知識や保育士資格取得についての知識などを、幅広く網羅しています。

### 保育士の仕事の一例

**仕事内容**
- 子どもの成長・自立をサポート
- 保護者の育児の相談・サポート
- 地域の子育てをサポート

**職場**
- 保育所
- 病児保育
- 病棟保育

# 「いま」知っておくことのメリット

　もし、あなたが保育士を本気でめざしているならば、知識を蓄えておくことで、多くのメリットを得ることができます。

### メリット① 将来の目標が明確になる

　どんな職業に就くにあたっても、長い期間にわたって携わるものですから、その職業や業界について情報収集することは大切です。また、保育士の仕事は施設の運営者の違い（自治体か民間団体か）や、保育所であれば認可か認可外かによって、保育内容や勤務形態が異なります。知識を蓄えることで、自分がどんな施設で働きたいか、どんな保育方針に向いているかなどを事前に知ることができ、将来の目標が明確になります。

### メリット② スムーズな保育士資格取得が可能

　保育士として働くには、保育士資格が必要です。資格取得のルートや必要な学習について知っておくと、自分に合った取得方法を選択できます。保育士養成校で保育士資格を取得したい場合は、養成校の種類やそれぞれの特色を把握でき、どのような基準で養成校を選択するべきかの判断ができます。また、保育士試験で資格取得をめざすには、取得までのスケジュールや試験科目を知ることで、無駄のない受験勉強が可能になります。

### メリット③ 面接試験でアピールできる

　保育士の採用試験では、施設の運営者が自治体・民間団体を問わず、必ず面接試験がおこなわれます。特に自治体の採用試験は倍率が高く、受験者数も多いため、面接官は多数の受験者と話すことになります。その中で少しでも好印象を残すには、保育士としての知識を深め、現在の保育状況について独自の視点をもつことが重要です。保育士の仕事にどれだけ意欲と情熱があり、仕事内容を理解しているかを具体的にアピールできます。

## 保育現場で活用できる知識の蓄積を

　今から保育士に関する知識を蓄えることは、実際に保育士となったときの準備が目的です。保育の現場では、さまざまな状況におかれて問題を抱える子どもや保護者に保育サービスを提供し、問題解消の手助けをする必要があります。その中では、前例のないことや想定していないことも出てくるため、あらゆる事態を想定して知識を蓄え、日々の保育業務に取り組まなくてはなりません。

　現役の保育士は、保育の質を向上させるために日々尽力しているのですから、これから保育士になる人が勉強を始めるのに早すぎるということはありません。本書はそのような人たちに向け、保育士に必要な専門常識・基礎知識をまとめています。将来、保育士として活躍するための手助けになれば幸いです。

# 本書の使い方

　本書は、保育士についての知識を蓄積できるのと同時に、保育士をめざす人たちにとって、保育士になる前に覚えておきたい知識をまとめたものです。本書は大きく「専門常識」と「基礎知識」という内容に分けることができます。

**専門常識**　保育士に関する知識や、保育士の活躍の場、仕事内容などの専門的な常識（Chapter1〜3）

**基礎知識**　保育士として仕事をするうえで必要な知識。保育士になる前に知っておきたい知識（Chapter4〜7）

　以下、それぞれの章の概要と活用法です。

### Chapter 0　知っておくべき基礎の基礎
保育士になる前に知っておきたいことをまとめています。どんなことを知っておくべきか、この章で確認しましょう。

### Chapter 1　保育士の専門常識その1　保育士になるには
保育士となるために必要な資格やその取得方法についてまとめています。知識を蓄えることで、保育士になるまでの心構えができて準備に役立ちます。

### Chapter 2　保育士の専門常識その2　保育士の働き方
保育士にはどのような活躍の場があり、どのような働き方ができるのかをまとめています。将来、あなたが就きたい職場選びの参考になります。

### Chapter 3　保育士の専門常識その3　保育の現場
保育士の仕事内容について、保育所での仕事を中心に説明しています。実際の保育現場での勤務状況を把握することができます。

### Chapter 4　覚えておきたい基礎知識その1　子どもの発達と保育士の役割
保育士がかかわることの多い、0〜6歳の子どもの発達について説明しています。保育士が子どもの発達に果たす役割についても確認できます。

### Chapter 5　覚えておきたい基礎知識その2　保育の内容
基本的な生活習慣や、言葉、人間関係を子どもに習得させるために、保育士がどのような保育を実施するべきかを紹介しています。

### Chapter 6　覚えておきたい基礎知識その3　保育の最新知識

近年、大きく変化しつつある保育環境にまつわる最新知識を紹介しています。現在の保育状況への理解を深め、対応できるようにしましょう。

### Chapter 7　覚えておきたい基礎知識その4　保育士としてのマナー

保育士として働くために必要な、社会人としての基礎的なマナーや言葉遣いなどを説明しています。保育士として働く前に身につけておきましょう。

### Chapter 8　保育士の専門常識・基礎知識　総まとめ問題集

Chapter1〜7を復習できる問題集です。本書をひと通り読み、各章の「理解度チェック問題」を解けるようになったあとで、どれだけ知識が深まったかを確認できます。

## 理解度チェック問題ページ

Chapter1〜7の最後についている「理解度チェック問題」で、それぞれの章を復習することができます。ただ読んだだけでは頭に入らないことも、理解度チェック問題を解くことで理解が深まります。

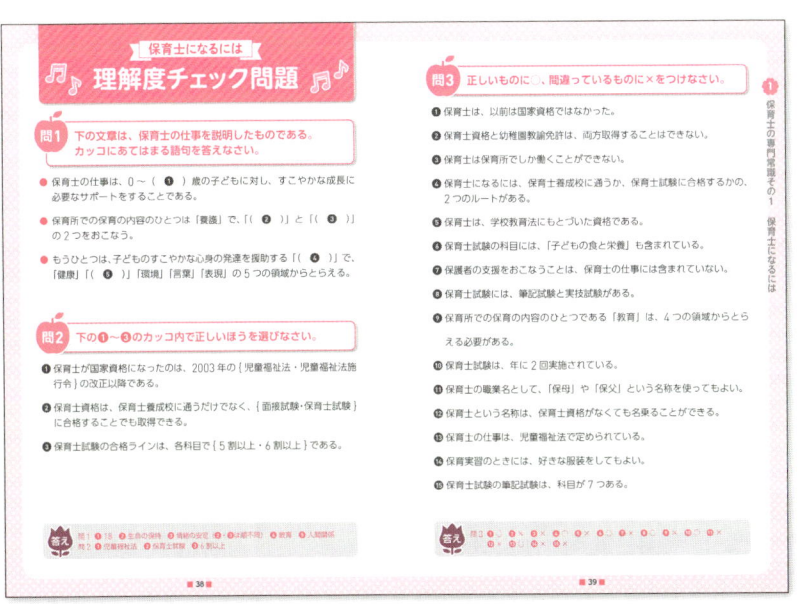

# CONTENTS

- はじめに …………………………………………… 2
- 本書の使い方 ……………………………………… 6

### Chapter 0 知っておくべき基礎の基礎

- 保育士のイメージと現実 ………………………… 12
- 保育士に求められる資質 ………………………… 14
- 保育士適性チェックリスト ……………………… 16
- **Column 1** 保育士インタビュー① ……………… 18

### Chapter 1 保育士の専門常識その1 保育士になるには

- 保育士とは ………………………………………… 20
- 保育士になるまで ………………………………… 22
- 保育士資格の取得方法 …………………………… 24
- 保育士試験とは …………………………………… 26
- 保育士養成校の種類 ……………………………… 28
- 保育士養成校での学習内容 ……………………… 30
- 保育実習の内容と注意点 ………………………… 32
- 保育士になるには　理解度チェック問題 ……… 38
- **Column 2** 保育士インタビュー② ……………… 42

### Chapter 2 保育士の専門常識その2 保育士の働き方

- 保育士の活躍の場 ………………………………… 44
- 保育所と幼稚園の違い …………………………… 48
- 保育所の種類 ……………………………………… 50
- 男性保育士 ………………………………………… 52
- 保育士の待遇 ……………………………………… 54
- 就職先の選び方 …………………………………… 56
- 保育士の働き方　理解度チェック問題 ………… 58
- **Column 3** 保育士インタビュー③ ……………… 62

## Chapter 3 保育士の専門常識その3 **保育の現場**

- 保育士の1日 ……………………………………………………………… 64
- 保育施設の指導計画 ……………………………………………………… 70
- 保育所の行事 ……………………………………………………………… 76
- 保育現場で一緒に働く仲間 ……………………………………………… 80
- 保育の現場　理解度チェック問題 ……………………………………… 82
- **Column 4** 保育士インタビュー④ …………………………………… 86

## Chapter 4 覚えておきたい基礎知識その1 **子どもの発達と保育士の役割**

- 乳幼児期の発達 …………………………………………………………… 88
- 子どもの発達と保育①　6か月未満 …………………………………… 90
- 子どもの発達と保育②　6か月～1歳3か月 ………………………… 92
- 子どもの発達と保育③　1歳3か月～2歳未満 ……………………… 94
- 子どもの発達と保育④　2歳代 ………………………………………… 96
- 子どもの発達と保育⑤　3歳代 ………………………………………… 98
- 子どもの発達と保育⑥　4歳代 ………………………………………… 100
- 子どもの発達と保育⑦　5歳代 ………………………………………… 102
- 子どもの発達と保育⑧　6歳代 ………………………………………… 104
- 子どもの発達と保育士の役割　理解度チェック問題 ………………… 106
- **Column 5** 保育士インタビュー⑤ …………………………………… 110

## Chapter 5 覚えておきたい基礎知識その2 **保育の内容**

- 保育の内容①　排泄 ……………………………………………………… 112
- 保育の内容②　食事 ……………………………………………………… 114
- 保育の内容③　睡眠 ……………………………………………………… 116
- 保育の内容④　衣服の着脱 ……………………………………………… 118
- 保育の内容⑤　清潔 ……………………………………………………… 120
- 保育の内容⑥　運動機能 ………………………………………………… 122
- 保育の内容⑦　表現活動 ………………………………………………… 124
- 保育の内容⑧　人とのかかわり ………………………………………… 126
- 保育の内容⑨　言葉の獲得 ……………………………………………… 128

保育の内容⑩　概念の形成 …………………………………… 130
保育の内容　理解度チェック問題 …………………………… 132
**Column6** 保育実習用の名札のつくり方 ………………… 136

## Chapter 6 覚えておきたい基礎知識その3 保育の最新知識

保育所保育指針 ………………………………………………… 138
子ども・子育て支援新制度 …………………………………… 140
幼保一元化と認定こども園 …………………………………… 142
公立保育所の民営化 …………………………………………… 144
待機児童問題 …………………………………………………… 146
無資格者による保育と地域限定保育士 ……………………… 148
保育所における食育 …………………………………………… 150
統合保育 ………………………………………………………… 152
保育の最新知識　理解度チェック問題 ……………………… 154
**Column7** 読み聞かせにおすすめの絵本 ………………… 158

## Chapter 7 覚えておきたい基礎知識その4 保育士としてのマナー

気をつけたい言葉遣い ………………………………………… 160
保育士としてのマナーと身だしなみ ………………………… 164
保護者とのかかわり方 ………………………………………… 168
個人情報の取り扱い …………………………………………… 170
保育士としてのマナー　理解度チェック問題 ……………… 172
**Column8** 入園式・卒園式の身だしなみ ………………… 176

## Chapter 8 保育士の専門常識・基礎知識 総まとめ問題集

保育士の専門常識・基礎知識　総まとめ問題集 …………… 178

● 索引 …………………………………………………………… 188
● おわりに ……………………………………………………… 191

## Chapter 0

# 知っておくべき基礎の基礎

保育ニーズの高まりにより、近年保育士を求める声が増えています。子どもの世話をするだけの職業と思われることが多い保育士ですが、実際にはどんな職務を果たしているのでしょうか。まずは保育士の仕事を正しく理解しましょう。

何を知るべきか、なぜ知るべきかを把握することから、保育士をめざす準備が始まります。この章では、準備を始めるための基礎を身につけましょう。

Chapter0　知っておくべき基礎の基礎

# 保育士の
# イメージと現実

- 実際の保育士の職場や仕事の内容を知る
- 保育士は保育所で小さな子どもを相手にするだけの職業ではない

## 子どもの発達全般にかかわる

　保育士の仕事といえば、保育所で就学前の小さな子どもと一緒に遊んでいるようなイメージをもたれることが多いものです。それは間違いとは言い切れませんが、保育士の仕事の一面を切り取ったものでしかありません。

　まず保育士の職場は、保育所に限られてはいません。**自治体採用の保育士の場合、児童福祉施設（保育所を含む12種類）のいずれかに勤務する可能性があり、さまざまな事情を抱えた0〜18歳の子どもの保育や援助をおこなうことが多いのです。**

　また、保育士の仕事は子どもと遊ぶことではなく、子どもを保育することです。食事や睡眠などの基本的な生活習慣から、言葉の習得、人間関係の築き方、そして社会に順応する力を子どもが身につけられるようにサポートするのが保育であり、保育士の役割なのです。

 **keyword**

### 自治体
正式名称は「地方公共団体」で、都道府県や市町村を指します。保育士の就職先は、自治体運営の公立施設と民間団体運営の私立施設に分けられます。

### 児童福祉施設
児童福祉法第7条に規定された、児童福祉を実施するための12種類の施設のことです。保育所も児童福祉施設のひとつとして認められています。

## 保育士に関する基礎知識Q&A

以下、よくある質問にお答えします。

 **Q1. 保育士になるには、どうしたらいいのですか？**

保育士として働くには、保育士養成校を必要な単位を取得したうえで卒業するか、または保育士試験に合格して、国家資格である保育士資格を取得する必要があります。資格取得後、希望する就職先の採用試験を受けて採用されれば、保育士として働くことができます。

 **Q2. 男性でも保育士として働けますか？**

はい。割合としては低いものの、男性保育士の数は年々増加傾向にあります。就学前の子どもだけでなく、腕力がついてきた思春期の子どもの指導をしたり、障害のある子どもの介助をするなど、力仕事を多く必要とされる現場での活躍が期待されています。

 **Q3. 保育士の勤務は大変だと聞いていますが、本当ですか？**

子どもの生活の世話や発達のサポートを毎日長時間にわたっておこなうため、保育士の仕事は決して楽ではありません。しかし、日々成長する子どもを見守ることや、子どもや保護者から感謝されながら働くことは、他の仕事では味わえない達成感があります。

---

> **memo　身につけておきたい社会人としてのマナー**
>
> 　保育士には子どもの保育に関する知識や技術が必要とされますが、社会人としてのマナー（→P.164）を身につけておくことも大切です。また、保育士は、保護者をはじめとする外部の人とコミュニケーションをとる機会が多く、相手に不快感をもたれたり、信頼を得られないような言動を防ぐためにも、正しい言葉遣い（→P.160）を今のうちに身につけておきましょう。

| Chapter0 | 知っておくべき基礎の基礎 |

# 保育士に求められる資質

- 保育士に向いている人材のタイプを確認する
- 資質を活かして働くと、保育士の仕事には魅力が多い

## 子どもへの愛情が不可欠

　**保育士に必要とされる資質でもっとも大切なのは、「子どもが好き」なことです。**保育士は0〜18歳の子どもにかかわる職業なので、すべての子どもに愛情をもって対応し、発達や成長をサポートしながら見守ることができる資質が必要になります。また、**どんな些細なことでも、子どもの変化を見逃さない観察力も必要です。**言葉にできない子どもの気持ちを表情や態度から読み取り、子どもがすこやかに成長できる環境をつくることは、保育士の重要な役割のひとつです。

　**身体面では、毎日力いっぱい遊ぶ子どもに負けないほどの体力が必要になります。**また、保護者や地域の人々など多くの人と接する機会が多いため、円滑な人間関係を築ける人が望まれる傾向にあり、正しいマナーや言葉遣いを身につけていることも大切です。

### keyword

#### 保育士と地域とのかかわり

「保育所保育指針」（→P.138）では、もっとも身近な児童福祉施設として、地域の子どもや保護者の交流の場をつくり、子育ての援助をおこなうことを保育所に求めています。保育士は通園している子どもやその保護者に対してだけでなく、地域全体にとっての子育てのサポーターであると定められています。

# 保育士の仕事の魅力

## 子どもの成長を見守る

　さまざまな年代の子どもたちが日々成長し、できなかったことができるようになる過程をサポートしながら見守るには、責任が必要でありながらも、感動を覚えることが多いものです。慕ってくれる子どもとともに、保育士である自分自身の成長も感じられます。

## 社会福祉に貢献できる

　保育士は保育所以外でも、乳児院や児童養護施設などの児童福祉施設でも勤務できます。子どもや保護者の抱える不安や悩みを理解し、分かち合いながら保育や教育を実施することは、社会福祉の基礎を支えることであり、よりよい社会を築くことに他なりません。

## 常に求められる職業

　近年、女性は結婚・出産後も働き続けるようになりました。この変化に社会制度が追いつかず、子どもを預けるための保育所が不足し、保育所の働き手である保育士不足も深刻化しています。そのため、保育士を求める声は年々増え、今後も一層求め続けられる職業であるといえます。

## ライフスタイルに合わせた働き方が可能

　近年の多様化した保育ニーズに対応するため、一般的な日中の保育だけでなく、早朝保育や夜間保育などが普及しています。また、自宅で子どもを預かる「保育ママ」も増えており、自分のライフスタイルに合わせて勤務場所や時間を選ぶことができます。

---

### memo ▶ 潜在保育士は60万人

　「潜在保育士」とは、保育士資格を所持しているにもかかわらず、保育士として働いていない人のことで、全国で約60万人はいると考えられています。働いていない期間の長さや、勤務形態での悩みを抱える潜在保育士のために、厚生労働省は求人情報の提供や就職相談をおこなう「保育士・保育所支援センター」を自治体に開設し、潜在保育士の就職・再就職の支援に努め、保育士不足の解消をめざしています。

---

0 知っておくべき基礎の基礎

# Chapter 0　知っておくべき基礎の基礎

# 保育士適性チェックリスト

- 自分がどの程度、保育士に関する知識があるかを確認する
- 最終的にすべての項目をチェックできるようにする

## 知っていること、知らないことを把握する

　保育士をめざす人ならば、保育士の資格や仕事について、いろいろと調べていることでしょう。しかし、独自に調べていては、知識に偏りが出たり、意外と知らないこともあったりしますので、まずは自分がどの程度保育士の資格や仕事などに関する知識を得ているのかを、次のチェックリストを使って把握しましょう。そして本書を読み進め、最終的にはすべての項目にチェックできるようになりましょう。

### CHECK　保育士資格について

☐ 保育士の資格の取得方法を知っているか。
☐ 保育士試験の詳細を知っているか。
☐ 保育実習の内容を知っているか。

　　　　　　　　　　　　　>>> Chapter1をチェック

### CHECK　保育士の働き方について

☐ 保育士の活躍の場を知っているか。
☐ 保育所でどのような仕事をするかイメージできているか。
☐ 就職先の選び方を理解できているか。

　　　　　　　　　　　　　>>> Chapter2をチェック

## 0 知っておくべき基礎の基礎

**CHECK** 保育の現場について

- ☐ 指導計画の作り方を知っているか。
- ☐ 保育士の1日の勤務の流れを知っているか。
- ☐ 保育士と一緒に働く仲間を理解しているか。

>>> Chapter3をチェック

**CHECK** 子どもの発達について

- ☐ 乳幼児期の発達についての知識があるか。
- ☐ 0～6歳の発達の流れを知っているか。

>>> Chapter4をチェック

**CHECK** 保育の内容について

- ☐ 保育士がおこなう保育の内容を知っているか。
- ☐ 心身の成長に合わせた、保育方法を把握できているか。
- ☐ 言葉の発達をうながす保育方法を知っているか。

>>> Chapter5をチェック

**CHECK** 保育の最新知識について

- ☐ 近年の保育状況の変化に関心をもっているか。
- ☐ 政府の保育に関する対策を把握できているか。
- ☐ 幼保一元化のしくみを理解できているか。
- ☐ 待機児童問題を理解できているか。

>>> Chapter6をチェック

**CHECK** 一般常識について

- ☐ 保育士にふさわしい言葉遣いができているか。
- ☐ 保育士に必要なマナーが身についているか。
- ☐ 個人情報の取り扱いのルールを理解できているか。

>>> Chapter7をチェック

# 保育士インタビュー①

保育士になろうと思ったきっかけは？

Aさん

幼い頃に通っていた保育所の保育士さんに、ずっとあこがれていたんです。泣き虫だった私にいつも優しく接してくれましたし、おはなしも上手で、その先生の読み聞かせのときは、子どもたちがみんな楽しみにしていました。私もそんな先生になって、子どもたちの楽しい笑顔をたくさん見たいと思い、保育士になることを決意しました。

私は自分の子育て経験を活かそうと保育士になりました。私自身もそうでしたが、多くの保護者は子育ての悩みを抱えているものです。誰にも相談できずに不安を抱えている保護者に、私の実体験を通してアドバイスできないかと考え、保育士試験で保育士資格を取得し、現在は一時預かりが可能な保育施設で勤務しています。

Bさん

Cさん

大学の福祉学部で学んでいたときの実習先で、障害児を健常児と分離せずに一緒に保育する様子を見たことがきっかけです。障害児は健常児のまねをして、さまざまなことに挑戦しようとしますし、健常児はそんな障害児の手助けをしていました。互いに影響し合う子どもたちの、発達や成長のサポートをしたいと強く感じたのです。

## 保育士の専門常識その1
# 保育士になるには

保育士になるには資格が必要です。資格取得には保育士養成校を卒業するか、保育士試験に合格するかの2つのルートがあります。この章では、保育士養成校の種類と特徴、保育士試験の流れや受験科目などを確認し、資格取得までの道のりを把握しましょう。

> どちらの方法で保育士資格を取得するにしても、計画的な学習が必要になります。あらかじめそれぞれの内容を理解し、準備しておきましょう。

# Chapter1 保育士の専門常識その1 保育士になるには

# 保育士とは

- 保育士がどのような職業であるかを知る
- 保育士の仕事である保育の内容を理解する

## 子どもの発達・自立を手助け

　保育士はかつては「保母」「保父」と呼ばれていましたが、1999（平成11）年の児童福祉法施行令の改正により、名称が「保育士」に統一されました。さらに2003（平成15）年の児童福祉法改正で国家資格になった**保育士は、0～18歳の子どもの発達と自立をさまざまな面からサポートする職業で、児童福祉法にも仕事の内容が規定されています。**

> この法律で、保育士とは、第十八条の十八第一項の登録を受け、保育士の名称を用いて、専門的知識及び技術をもつて、児童の保育及び児童の保護者に対する保育に関する指導を行うことを業とする者をいう。（第18条の4）

　つまり保育士は子どもに対してだけでなく、保護者にも育児のアドバイスや手助けをおこなう職業なのです。近年では、保育士が地域全体の子育てのサポートを担うことも増えています。

### keyword

**児童福祉法**
児童の福祉やすこやかな育成の保障・増進をめざし、実現するための国や地方公共団体の責任、各種施設や事業などの原則を定めた法律です。

**国家資格**
それぞれ分野における能力や知識が、国の法律にもとづいて判定され、それをもとにして特定の職業に就けることを保証する資格のことです。

## 保育士がおこなう保育とは？

保育士が保育所でおこなう保育には、大きく分けて「養護」と「教育」の役割があります。

### 養護

- 「生命の保持」（子どもの健康や安全を守ること）と「情緒の安定」（子どもが安心できるかかわりをもつこと）の2つをおこないます。
- 年齢が低い子どもほど、養護の重要度が増します。

### 教育

- さまざまな活動や体験から、子どものすこやかな心身の発達をサポートすることです。
- 教育は「健康」「人間関係」「環境」「言葉」「表現」の5つの領域からとらえます。

## 保育士による保護者支援

保護者の支援をおこなうのも、保育士の役目です。それぞれの保護者の状況に合った支援が大切なのはもちろんですが、子どものすこやかな成長と自立支援につながることを踏まえて実施します。

### 保護者支援の基本姿勢

| 傾聴する | 受容する | 共感する | 支援を考える |
|---|---|---|---|
| 保護者の話に誠実な態度で耳を傾け、漏らさずに聞く。 | 否定や拒否をすることなく、保護者の話を受け止める。 | 保護者の気持ちに同意し、自分のものとして感じる。 | 保護者に必要な支援を、現状の原因・理由を踏まえて考える。 |

Chapter1　保育士の専門常識その1　保育士になるには

# 保育士になるまで

- 保育士として働けるまでの道のりを確認する
- 保育士資格取得後には、保育士証の交付を受ける必要がある

## 国家資格であり、名称独占資格でもある

　保育士になるには、まず保育士資格を取得する必要があります。保育士資格は、かつては「保母資格」という名称でしたが、1999年の児童福祉法施行令の改正以降、名称が「保育士資格」に変更されました。さらに、2003年の児童福祉法の改正により、民間資格だった保育士資格が国家資格となり、資格取得者以外が名乗って働くことができない「名称独占資格」として認められました。また、資格取得後に保育士として働くには、都道府県知事に対して登録手続きをして「保育士証」の交付を受けなければならない「保育士登録制度」も始まりました。

　保育士証を得たあとには、採用先の就職試験を受けて、採用されれば保育士として働くことができます。保育士の主な就職先は、公立保育所などを抱える自治体と、民間団体運営の私立施設に分けられます。

### keyword

**民間資格**
民間団体が、独自の審査基準によって認定する資格のことです。法律によって制度化されてはいませんが、信用度・実用性が高いものが多いです。

**名称独占資格**
資格取得者だけが資格の名称を名乗ることができ、それ以外の人は、その資格や資格によく似た呼称を使うことが禁止されている資格のことです。

## 保育士として働くまで

### どちらかの方法で保育士資格を取得

❶ 保育士養成校（→P.28）で、所定の課程・科目を修了して卒業

❷ 保育士試験を受験し、合格する（→P.26）

### 都道府県知事に対して保育士登録をおこなう

### 保育証が交付される

自治体・私立施設の採用試験を受け、採用されれば保育士として就業する

## 保育士登録制度

　保育士資格を取得したあとには、下記の手順で保育士登録をおこなうことで、保育士として働くことができるようになります。一度登録すれば、現在の制度が変更されない限り更新の必要はありません※ので、忘れずに登録をしましょう。

※自分の氏名や本籍地のある都道府県が変わった場合は、保育士証の書き換えが必要。

### 保育士登録の手順

① 登録事務処理センター（http://www.hoikushi.jp/）から、「保育士登録の手引き」を入手。

② 登録手数料を支払う。

③ 必要書類を準備し、郵送する。

④ 2か月ほどで、保育士証が交付される。

保育士証

| Chapter1 | 保育士の専門常識その1　保育士になるには |

# 保育士資格の取得方法

- 保育士資格の取得には2つの方法がある
- それぞれの取得方法の流れを把握する

## 2つの取得方法

　保育士になるための保育士資格を取得するには、2通りの方法があります。ひとつは、厚生労働大臣指定の保育士を養成する施設（保育士養成校）を卒業する方法です。保育士として働くうえで必要な知識や技術を学習し、所定の単位を修了すれば、卒業と同時に保育士資格が得られます。保育士資格を取得した人の約80％が、この方法で取得をしています。また、養成校によっては幼稚園教諭免許を取得することも可能ですので、認定こども園（→P.143）で保育教諭として働くことも可能になります。

　もうひとつは、都道府県で実施される保育士試験を直接受験する方法です。保育士試験は毎年2回実施され、8科目（うち1科目には2つの分野を含む）の筆記試験と2科目（3科目から選択）の実技試験のすべての科目において一定基準以上の正答を得られれば、合格することができます。

### keyword

**幼稚園教諭**
満3歳〜就学前の子どもに、幼稚園で幼児教育をおこなう職業です。子どもの日常の世話が中心になる保育士とは異なり、教育に重点をおきます。

**保育教諭**
幼稚園教諭免許と保育士資格の両方を取得したうえで認定こども園で勤務する場合、「保育教諭」という職業名で呼ばれることになります。

## 2つの資格取得ルート

### 養成校を卒業して取得

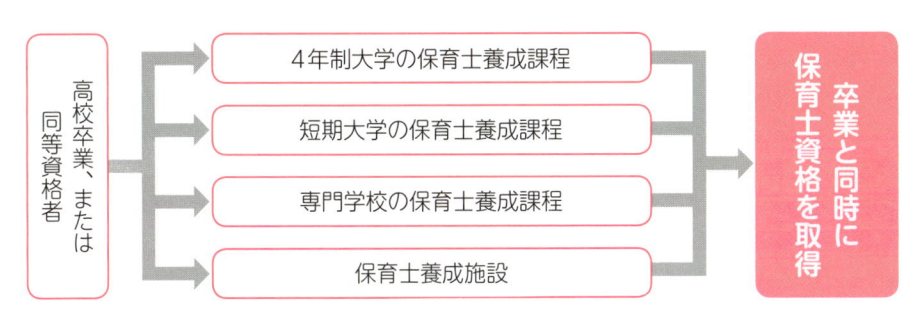

高校卒業、または同等資格者
- 4年制大学の保育士養成課程
- 短期大学の保育士養成課程
- 専門学校の保育士養成課程
- 保育士養成施設

→ 卒業と同時に保育士資格を取得

### 保育士試験を直接受験

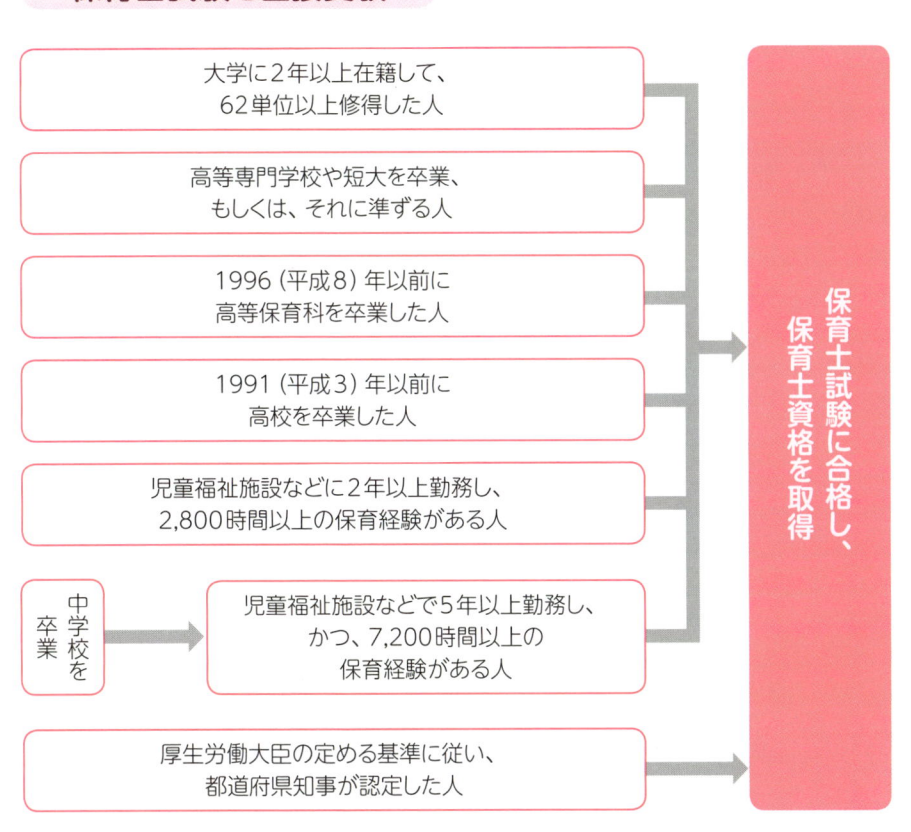

- 大学に2年以上在籍して、62単位以上修得した人
- 高等専門学校や短大を卒業、もしくは、それに準ずる人
- 1996（平成8）年以前に高等保育科を卒業した人
- 1991（平成3）年以前に高校を卒業した人
- 児童福祉施設などに2年以上勤務し、2,800時間以上の保育経験がある人
- 中学校を卒業 → 児童福祉施設などで5年以上勤務し、かつ、7,200時間以上の保育経験がある人
- 厚生労働大臣の定める基準に従い、都道府県知事が認定した人

→ 保育士試験に合格し、保育士資格を取得

1 保育士の専門常識その1　保育士になるには

Chapter1　保育士の専門常識その1　保育士になるには

# 保育士試験とは

- 保育士試験の概要を理解する
- 保育士試験の受験の流れを把握する

## 合格には6割以上の正答が必要

　保育士資格を取得するための保育士試験は、各都道府県ごとに毎年2回実施されます。8科目の筆記試験と、3科目のうちから2科目を選択する実技試験の合計10科目を受験します。筆記試験の形式は、五肢一択のマークシート方式です。

　保育士試験に合格するには、1科目あたり6割以上の正答が必要です。「教育原理および社会的養護」のように、2つの分野が含まれている科目は、それぞれで6割以上の正答が必要になります。全国の合格者のうち全科目合格者は毎年20％にも満たず、一発で合格するのは難しい試験です。一部科目に合格したら次回以降の受験の際に「一部科目合格通知書」を提出できるようになり、合格済みの科目の受験が免除されます。ちなみに免除期間は、科目合格から3年間です。

### keyword

#### 保育士資格取得の特例措置

幼稚園教諭免許を所持し、幼稚園などで実務経験がある人が保育士試験を受験する場合、「保育の心理学」「教育原理」「実技試験」が免除されます。さらに、2014（平成26）年度から2019（平成31）年度末までは、「保育実習理論」も免除される特例措置が実施されています。

## 保育士試験の受験の流れ

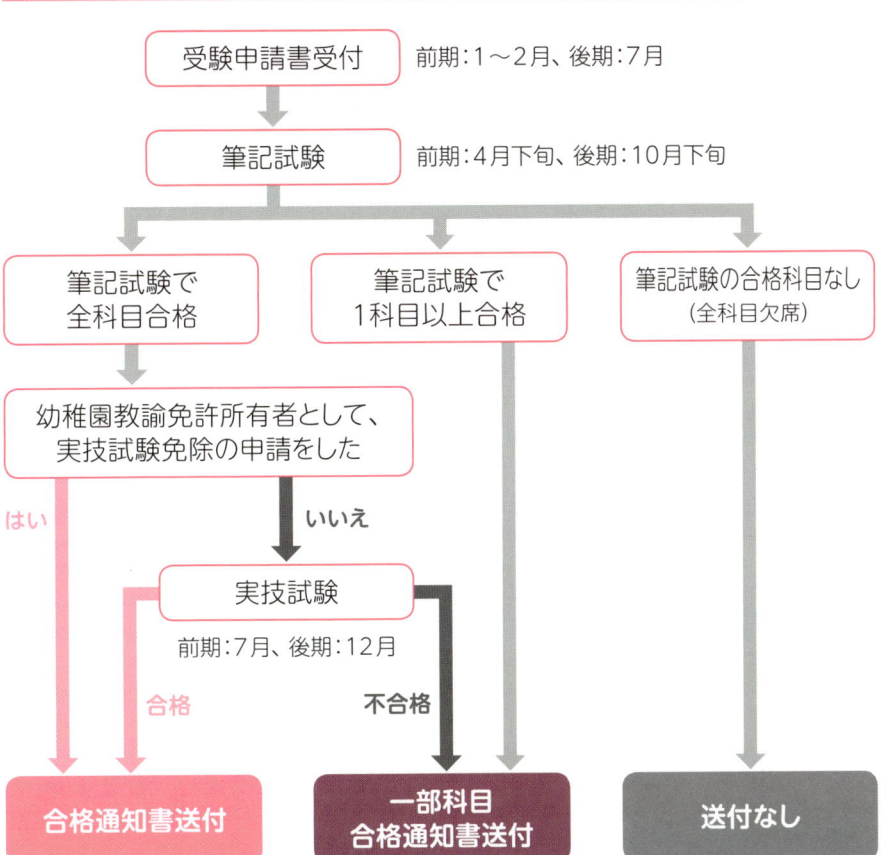

## 保育士試験の各科目について

| 科目 | 時間(分) | 満点 | 科目 | 時間(分) | 満点 |
|---|---|---|---|---|---|
| 保育原理 | 60 | 100 | 保育の心理学 | 60 | 100 |
| 教育原理 | 30 | 50 | 子どもの保健 | 60 | 100 |
| 社会的養護 | 30 | 50 | 子どもの食と栄養 | 60 | 100 |
| 児童家庭福祉 | 60 | 100 | 保育実習理論 | 60 | 100 |
| 社会福祉 | 60 | 100 | 保育実習実技 | 分野により異なる | 各50 |

※「教育原理」と「社会的養護」は、「教育原理および社会的養護」の1科目を2つの分野に分けて受験するものです。

**Chapter1** 保育士の専門常識その1　保育士になるには

# 保育士養成校の種類

- 保育士養成校にはどのような種類があるかを知る
- それぞれの養成校の特色やメリットを知り、進学先の選択に役立てる

## 卒業と同時に保育士資格を取得

　保育士養成校には、大きく分けて4年制大学、短期大学、専門学校の3種類があります。どの養成校でも卒業と同時に保育士資格を取得できますが、それぞれの特色やメリットを確認しておきましょう。

　4年制大学で保育士をめざす場合には、福祉学部や教育学部で学ぶことになります。保育や福祉に関する科目を幅広く体系的に学べ、幼稚園教諭一種免許や福祉に関する資格の取得が可能です。短期大学は、学校それぞれの特色ある保育士養成をおこなっているのが特徴です。2年間で保育士資格だけでなく、幼稚園教諭二種免許が取得できます。専門学校は、即戦力となる保育士を育てることに重点をおいているため、保育の仕事に直接結びつく勉強ができるのが魅力です。

　また、これらの保育士養成校への通学が難しい場合には、一部の大学や短期大学の通信教育課程を利用することもできます。

### keyword

**幼稚園教諭の「一種」と「二種」の違い**

一種免許は4年制大学で、二種免許は短期大学や専門学校で取得できます。一種と二種で可能な業務に変わりはありませんが、施設によっては給与や昇進の面で一種免許取得者が優遇されることがあります。

# 保育士養成校の特徴

## 4年制大学

### 幅広い教育を受けられる 他の資格も取得可能

- 卒業時の学位：学士
- 入学金：50万～60万円
- 授業料：60万～70万円（1年間）
- 施設料：50万～60万円（1年間）

- 保育や福祉に関する幅広い教育を体系的に受けられる。
- 保育士資格以外にも、小学校教員免許や幼稚園教諭一種免許など、教育・福祉にかかわる資格や免許の取得が可能。
- 保育以外の知識を身につけられる。
- 保育士として働く場合、施設内外での調整や、公共組織・施設との交渉にかかわることを望まれることが多い。

## 短期大学

### 各校で教育に特色がある 現場で力をつけたい人向き

- 卒業時の学位：短期大学士
- 入学金：20万～30万円
- 授業料：70万～80万円（1年間）
- 施設料：40万～50万円（1年間）

- 4年制大学よりも、2年早く保育士として働けるので、現場で力をつけたい人に向いている。
- それぞれの学校で、特色のある保育士養成をおこなっている。
- 保育士資格だけでなく、幼稚園教諭二種免許が取得できる学校もある。
- 専門科に進めば、幼稚園教諭一種免許や介護福祉士の資格が取れる。

## 専門学校

### 実践的な学習で 即戦力の保育士を育成

- 卒業時の学位：専門士
- 入学金：20万～30万円
- 授業料：40万～50万円（1年間）
- 施設料：10万～20万円（1年間）

- 2年間で保育士資格が取得できる。
- 保育の仕事に直接結びつく学習や実習に重点をおいている。
- 保育士資格と一緒に幼稚園教諭二種免許を取得できる学校もある。
- 介護福祉の専門科でもう1年間学ぶと、介護福祉士の資格も取得できる。
- 比較的学費が安い。

## 通信教育課程

### 時間がない人でも 自分のペースで勉強できる

- 卒業時の学位：学士または短期大学士
- 入学金：3万～5万円
- 授業料：10万～20万円（1年間）
- 施設料：2万～5万円（1年間）

- 一部の4年制大学、短期大学で設置。
- 入試は書類選考でおこなわれる。
- 毎日の学習は、自宅でのテキスト学習とレポート提出が中心になり、自分のペースで勉強ができる。
- 春休みや夏休みの期間に通学する「スクーリング」や保育実習を実施している。

**Chapter1　保育士の専門常識その1　保育士になるには**

# 保育士養成校での学習内容

- 保育士養成校のカリキュラムの構成を知る
- 保育や福祉の基礎理念を学び、実習で実践力を身につける

## 実践力と臨機応変の力を育てる

　近年、保育士には、子ども1人ひとりの発達を理解した保育の実践や、保護者への助言、地域の子育て支援などが求められるようになりました。そこで、より保育能力を高めた保育士育成をめざし、2011（平成23）年に保育士養成校のカリキュラムが見直されました。新しいカリキュラムでは、保育現場で働く際の実践力と、臨機応変に対応できる力を育てることに重点をおき、実習や実習指導など実践的な学習が盛り込まれています。

　保育士養成校のカリキュラムは、2年で学ぶことを前提に作られています。1年目は「必修科目」を中心に保育や福祉の基本理念などを学ぶ基礎学習をおこない、2年目には「選択必修科目」を中心に保育現場で実践力を磨きます。4年制大学や短期大学では、各校が指定する教養科目を学ぶ必要があります。

## 保育士養成校のカリキュラム

### 教養

体育の講義・実技（各1単位）を含めた8単位以上を履修します。

- 外国語 ─── 演習（2単位以上）
- 体育 ─── 講義（1単位）
- 体育 ─── 実技（1単位）
- その他の科目 ─── （6単位以上）

# 専門

## 必修科目

### 保育の本質・目的に関する科目

保育や福祉の基本理念を学習します。

- 保育原理 ── 講義（2単位）
- 教育原理 ── 講義（2単位）
- 児童家庭福祉 ── 講義（2単位）
- 社会福祉 ── 講義（2単位）
- 相談援助 ── 演習（1単位）
- 社会的養護 ── 講義（2単位）
- 保育者論 ── 講義（2単位）

### 保育の対象の理解に関する科目

子どもの発達や健康管理について学習します。

- 保育の心理学Ⅰ ── 講義（2単位）
- 保育の心理学Ⅱ ── 演習（1単位）
- 子どもの保健Ⅰ ── 講義（4単位）
- 子どもの保健Ⅱ ── 演習（1単位）
- 子どもの食と栄養 ── 演習（2単位）
- 家庭支援論 ── 講義（2単位）

### 保育の内容・方法に関する科目

各年代の子どもや障害児など、対象別の保育方法を学習します。

- 保育課程論 ── 講義（2単位）
- 保育内容総論 ── 演習（1単位）
- 保育内容演習 ── 演習（5単位）
- 乳児保育 ── 演習（2単位）
- 障害児保育 ── 演習（2単位）
- 社会的養護内容 ── 演習（1単位）
- 保育相談支援 ── 演習（1単位）

### 保育の表現技術

保育に必要な音楽、造形、言語表現、身体表現の基礎を学習します。

- 保育の表現技術 ── 演習（4単位）

### 総合演習

保育に関するテーマのもと、分析・研究をおこないます。

- 保育実践演習 ── 演習（2単位）

### 保育実習

児童福祉施設（保育所、乳児院、知的障害児施設、児童厚生施設など）で実習をおこないます。

- 保育実習Ⅰ ── 実習（4単位）
- 保育実習指導Ⅰ ── 演習（2単位）

## 選択必修科目

保育実習（2単位）、保育実習指導（1単位）を含めた9単位以上を履修します。

- 保育に関する科目（必修科目の系列から設定される） ── （6単位以上）
- 保育実習ⅡまたはⅢ ── 実習（2単位）
- 保育実習指導ⅡまたはⅢ ── 演習（1単位）

① 保育士の専門常識その1　保育士になるには

### Chapter1　保育士の専門常識その1　保育士になるには

# 保育実習の内容と注意点

- 保育実習がどのように進められるかを理解する
- 実習日誌と指導案の内容と書き方

## 身についた知識や技術を実践の場で活用

　保育実習は、保育士養成校に通う学生が座学で身につけた知識や技術を実際の保育現場において活用できる貴重な機会です。主な実習の場は地域の保育所などの児童福祉施設で、2～4週間にわたってそれぞれの施設の実情に合わせた実習をします。施設の保育理念をよく理解し、それに沿った保育を心がけることが大切です。

　実習では子どもたちに対する理解を深め、どのタイミングでどのような支援や対応をすべきかを学び、自分のめざすべき保育士の姿を探します。実習中には毎日必ず実習日誌（→P.36）を記録し、部分実習や全日実習の場合には指導案（→P.37）を事前に提出します。

### 保育実習の4段階

#### ①観察実習
実際の保育にはかかわらず、保育士の保育の様子や、子どもの1日の活動の様子を見学・観察し、保育の注意点を探します。

#### ②参加実習
担当の保育士を手伝う形で保育にかかわります。自分なりの課題を見つけ、今後どのように保育すべきかを考えます。

#### ③部分実習
20分～数時間を割り当てられ、実際の保育をおこないます。あらかじめ部分実習の指導案を作って臨みます。

#### ④全日実習
登園から降園まで、1日を通しての保育を担当します。部分実習同様に、事前に指導案を作成して実習をおこないます。

# 知っておきたい実習の流れと準備

## 実習準備から終了までの流れ

**校内ガイダンス** ▶ **オリエンテーション** ▶ **保育実習** ▶ **お礼状を送る** ▶ **フィードバック**

- 保育士養成校において、実習のための準備や心構えについて説明を受けます。
- 実習先の施設ごとに、保育方針・ルールについて説明があります。
- 保育実習終了から1週間以内に、実習先にお礼状を送ります。
- 学内の反省会などで、反省点やうまくいった点を振り返り、今後に活かします。

## 準備する持ち物

### 実習用バッグ

実習に必要なものがすべて入るバッグを用意します。安全を考えて、ファスナーなどの金具がついていないものを選びます。

### 名札

子どもたちに名前を覚えてもらうために、手づくりで準備しましょう。名前が読みやすいデザインを心がけます。

### 上履き・外靴

履きやすいシンプルなデザインのものを選び、清潔な状態を保ちましょう。

### エプロン

汚れた場合や洗濯することを考えて、数枚用意しておきましょう。

### 印鑑

実習日誌の作成などで捺印が必要になることがあります。

### ポケットタイプのメモ帳

実習中にすばやくメモができるように、エプロンのポケットに入れておきます。

---

**1 保育士の専門常識その1 保育士になるには**

## 保育実習の心構え

### 早起きを習慣化

保育所は朝早くから始まります。実習の日から早起きをするのではなく、あらかじめ生活のリズムを朝型に変えておきます。

### 明るくさわやかな印象を

緊張や不安があっても、明るい表情とはきはきとした発声を心がけて、子どもや保護者によい印象を与えるようにしましょう。

### 清潔感のある服装を

服装は動きやすく、清潔感のあるものを選びましょう。アクセサリーはすべて外し、女性はナチュラルメイクを心がけます。

### 携帯電話の電源は切る

保育実習中は、携帯電話の電源は切っておきます。また、実習中にエプロンのポケットなどに携帯電話を入れておくことも厳禁です。

### 担当者への報告や連絡を忘れない

どんな些細なことであっても、担当の保育士への報告・連絡をし、指示を受けましょう。自分勝手な判断をしてはいけません。

### 発達に合った遊びを準備する

子どもは、発達によってできる遊びが異なります。子どもの発達段階に合わせた遊びを、事前にいくつか考えておきましょう。

---

**memo　実習先に流行性疾患をもちこまない！**

　保育所のような多くの子どもが集まる施設では、インフルエンザなどの流行性疾患が広まりやすいものです。保育実習中はうがいや手洗いなどの予防策を徹底するのはもちろん、体調管理もしっかりとおこないましょう。また、実習先に流行性疾患をもちこまないためには、事前に予防接種や抗体検査を受けておくことが必要です。

# 保育所での保育実習の1日

## 朝、施設に着いたら
- すべての部屋の窓を開けて、空気を入れ替える。
- 園庭の掃除をして、大きな石などの危険物を取り除く。
- 遊具やおもちゃに危険な部分がないかをチェックする。

▼

## 登園開始
- 大きな声であいさつをして、子どもたちを出迎える。
- 保護者にもあいさつを忘れず、にこやかに対応する。
- 登園した子どもの、持ち物の片づけなどを手伝う。

▼

## 自由遊び
- 子どもたちの様子を見ながら、遊びに参加する。
- その時々で適切な声掛けをして、遊びの手助けをする。
- どんな遊びを好むのか、年齢ごとに観察する。

▼

## その日の主な活動
- その日の中心になる活動（造形や運動など）で、担当の保育士のサポートをする。
- 部分実習や全日実習では、自分で指導案を考えて実施することもある。

▼

## 昼食
- 子どもたちに食事前の手洗いや排泄の指導をする。
- 配膳の手伝いをする。
- 子どもたちと一緒にごはんを食べる。
- 食後に歯みがき指導をする。

▼

## 午睡（昼寝）
- 保育士の指示に従って、午睡の準備をする。
- 子どもがパジャマに着替える手伝いをする。
- 午睡中の子どもの様子を確認する方法を学ぶ。

▼

## 降園
- 子どもたちにおもちゃなどの片づけを指導する。
- 忘れ物がないように、降園準備をさせる。
- 迎えにきた保護者には、その日1日の子どもの様子を伝える。

▼

## 降園後
- 保育室やトイレなどの掃除をする。
- おもちゃなどの点検をする。
- 1日の実習内容を振り返り、実習日誌をつける。
- 翌日の保育内容を確認する。

1　保育士の専門常識その1　保育士になるには

# 実習日誌の内容と書き方

実習日誌は、その日の実習を振り返るために作成します。ありのままの体験を記入することで、現在の自分の保育の問題点が見えてくるため、改善策を立てることもできます。基本的には黒のボールペンなどで記入しますが、使用する筆記用具や修正方法については実習先に確認しましょう。

| ① さくら組 | 3歳児 | 在籍数 23名 | 欠席 2名 | 担当名 新宿みどり |
|---|---|---|---|---|
| 6月15日(火) 天気 雨 | | 実習のねらい ② 午前中の活動を観察する。 | | |

| 時間 | 子どもの活動 ③ | 保育士の援助 ④ | 実習生の援助 ⑤ |
|---|---|---|---|
| 8:30 | 登園 所持品を所定の場所に片づける。 雨のため、屋内遊び。ブロック、おままごと、フラフープ、お絵かき。 | 子どもや保護者にあいさつをして、子どもの様子を確認する。顔が赤い子がいたため、体温を測定。フラフープをしたい子には、他の遊びをしている子の邪魔にならないように、大きな部屋で遊ぶことを指示。 | 工作に使う道具を忘れていたことに気づき、保育所に入りたがらない子どもにかかわる。忘れ物は困ったことだけれど、今日はお友達から借りればいいことを伝え、入室させた。 |
| 9:00 | おもちゃや遊具を片づけ、排泄・手洗いをする。 | | 感想 ⑥ 雨の日はあまり体を動かせないと思っていたが、こまめな体操をしたり、室内遊びの工夫次第では、きちんと体を動かせることがわかった。また、室内で遊ぶことが多い場合は、片づけを頻繁にさせて、ケガを防ぐことが大切 |

### ① クラス・子どもの情報
クラス名や子どもの人数などを書きます。担当の保育士名もフルネームで記入します。

### ② 実習のねらい
その日の保育のどの部分に注目するか、どのように保育にかかわるかといった目標を記入します。

### ③ 時間・子どもの活動
クラス全体から子ども個人の動きまでを確認し、10～15分おきの時系列で記入します。

### ④ 保育士の援助
担当の保育士がおこなっていた援助について、なぜその援助がおこなわれたのかを書きます。

### ⑤ 実習生の援助
自分がいつ、どこで、どのような援助をしたかを記入します。子どもの反応も書きます。

### ⑥ 感想
1日の実習を振り返り、気づいたことを記入します。反省点は、改善策も考えて書くようにします。

## 指導案の内容と書き方

部分実習と全日実習をおこなう際には、前日までに実習の指導案をまとめます。1日の保育のねらいを考えたうえで、どのような活動をおこなうかを組み立てます。

### 実習指導案

| さくら組 | 3歳児 | 在籍数　23名 | 欠席　1名 | 担任名　新宿みどり<br>実習生名　渋谷花子 |
|---|---|---|---|---|

| 6月16日（水）　天気　　晴れ | ① 実習の内容　部分実習　手遊びをする。 |
|---|---|
| 子どもの様子 ② <br>● 友達への関心が強くなり、一緒に遊びたい様子はあるものの、うまく声を掛けられない子が多い。<br>● 好きな遊びに集中して、静かに落ち着いて過ごしている。 | ねらい　手遊びで指先の発達をうながす。<br>準備 ③ <br>机を片づけて、子どもたちが全員集まって座れるスペースをつくる。<br>自分が座る椅子を用意する。 |

| 時間 | 環境の構成 ④ | 予想される子どもの活動 ⑤ | 実習生の援助 ⑥ |
|---|---|---|---|
| 9:45 |  | 片づけ、排泄。 | 片づけと排泄をうながす。 |
| 10:00 | （ピアノと子どもの配置図） | 「みんなで手遊びをしよう。これは何かな？」と指でキツネの形をつくる。子どもたちが「キツネ」と答えたら、童謡『こぎ | キツネの形を見せたときには、すべての子どもがキツネであることがわかるまでは歌い出さない。 |

**① 実習の内容・ねらい**
子どもたちの発達に合った活動の内容と、そのねらいを書きます。子どもの意欲を想定して記入します。

**② 子どもの様子**
実習で観察してきた子どもの様子を書きます。これをもとに、「予想される子どもの活動」を推測します。

**③ 準備**
活動に必要な道具や材料と、用意した数量を記入します。外遊びの場合は、遊具の名称を書きます。

**④ 環境の構成**
教材や机の配置など、どのような環境で活動をおこなうのかを書きます。簡単な図も交えて説明します。

**⑤ 予想される子どもの活動**
「子どもの様子」を参考にして、こちらの指示に子どもがどのような反応をするかを予想して記入します。

**⑥ 実習生の援助**
実習生が子どもに対し、どのようなタイミングで、どのような援助をすべきかを記入します。

## 保育士になるには 理解度チェック問題

### 問1 下の文章は、保育士の仕事を説明したものである。カッコにあてはまる語句を答えなさい。

- 保育士の仕事は、0〜( ❶ )歳の子どもに対し、すこやかな成長に必要なサポートをすることである。

- 保育所での保育の内容のひとつは「養護」で、「( ❷ )」と「( ❸ )」の2つをおこなう。

- もうひとつは、子どものすこやかな心身の発達を援助する「( ❹ )」で、「健康」「( ❺ )」「環境」「言葉」「表現」の5つの領域からとらえる。

### 問2 下の❶〜❸のカッコ内で正しいほうを選びなさい。

❶ 保育士が国家資格になったのは、2003年の{児童福祉法・児童福祉法施行令}の改正以降である。

❷ 保育士資格は、保育士養成校に通うだけでなく、{面接試験・保育士試験}に合格することでも取得できる。

❸ 保育士試験の合格ラインは、各科目で{5割以上・6割以上}である。

**答え**
問1 ❶ 18 ❷ 生命の保持 ❸ 情緒の安定（❷・❸は順不同） ❹ 教育 ❺ 人間関係
問2 ❶ 児童福祉法 ❷ 保育士試験 ❸ 6割以上

## 問3 正しいものに○、間違っているものに×をつけなさい。

❶ 保育士は、以前は国家資格ではなかった。

❷ 保育士資格と幼稚園教諭免許は、両方取得することはできない。

❸ 保育士は保育所でしか働くことができない。

❹ 保育士になるには、保育士養成校に通うか、保育士試験に合格するかの、2つのルートがある。

❺ 保育士は、学校教育法にもとづいた資格である。

❻ 保育士試験の科目には、「子どもの食と栄養」も含まれている。

❼ 保護者の支援をおこなうことは、保育士の仕事には含まれていない。

❽ 保育士試験には、筆記試験と実技試験がある。

❾ 保育所での保育の内容のひとつである「教育」は、4つの領域からとらえる必要がある。

❿ 保育士試験は、年に2回実施されている。

⓫ 保育士の職業名として、「保母」や「保父」という名称を使ってもよい。

⓬ 保育士という名称は、保育士資格がなくても名乗ることができる。

⓭ 保育士の仕事は、児童福祉法で定められている。

⓮ 保育実習のときには、好きな服装をしてもよい。

⓯ 保育士試験の筆記試験は、科目が7つある。

---

**答え** 問3 ❶○ ❷× ❸× ❹○ ❺× ❻○ ❼× ❽○ ❾× ❿○ ⓫× ⓬× ⓭○ ⓮× ⓯×

1 保育士の専門常識その1 保育士になるには

**問4** 下の❶～❹の内容にあてはまる保育士養成校を、枠の中から選びなさい。

❶ それぞれの学校で特色のある保育士養成をおこなっている。2年で保育士資格を取得できるので、現場で力をつけたい人に向いている。

❷ 2年間で保育士の資格が取得できるうえ、保育の仕事に直接結びつく学習や実習に重点をおいた教育をしている。

❸ 一部の4年制大学や短期大学で実施されている教育課程で、毎日の学習は自宅でおこない、春休みや夏休みにスクーリングを受ける。

❹ 福祉や保育の幅広い教育を、体系的に受けられる。また、小学校教員免許や幼稚園教諭一種免許の取得も可能。

> 4年制大学　短期大学　専門学校　通信教育課程

**問5** 下の❶～❹は、保育士養成校のカリキュラムについて述べた文章である。カッコ内で正しいほうを選びなさい。

❶ 保育士養成校のカリキュラムは、{ 2年・4年 }で学ぶことを前提につくられている。

❷ 保育士養成校の新カリキュラムは、{ 2001年・2011年 }に見直された。

❸ 1年目には{ 必修科目・選択必修科目 }を中心に、保育や福祉の基本理念などを学ぶカリキュラムになっている。

❹ 2年目には{ 必修科目・選択必修科目 }を中心に、保育現場で実践力を磨くカリキュラムになっている。

---

**答え**
問4　❶ 短期大学　❷ 専門学校　❸ 通信教育課程　❹ 4年制大学
問5　❶ 2年　❷ 2011年　❸ 必修科目　❹ 選択必修科目

### 問6 下の❶～❹は、保育実習の段階について述べた文章である。それぞれの実習名を答えなさい。

❶ 実際の保育にはかかわらず、保育士の保育の様子や、子どもの1日の活動の様子を見学・観察する実習。

❷ 担当の保育士を手伝う形で、保育にかかわる実習。

❸ 20分～数時間を割り当てられて、実際の保育を指導案にもとづいておこなう実習。

❹ 登園から降園までの1日を通して、保育を担当する実習。

### 問7 正しいものに○、間違っているものに×をつけなさい。

❶ 実習日誌とは、その日の実習を振り返るために作成するものである。

❷ 指導案は、観察実習をおこなう際に作成して提出する。

❸ 実習終了後には、実習先にお礼状を送るべきである。

❹ 実習で使用する名札は、市販のものを利用するほうが望ましい。

❺ 実習中には、携帯電話の電源は切らず、エプロンのポケットなどに入れて持参してもよい。

---

**答え**
問6 ❶観察実習 ❷参加実習 ❸部分実習 ❹全日実習
問7 ❶○ ❷× ❸○ ❹× ❺×

## Column 2

# 保育士インタビュー②

> **Q** 保育士になる前に、身につけておくべきことはありますか？

**Dさん**
毎日、子どもの送り迎えのときに保護者と話すことが多いので、コミュニケーション能力が大切になります。失礼な言葉を使ったり失言をして、保護者を怒らせてしまった保育士もいましたので、正しい言葉遣いで発言できるように練習したり、正しいマナーを身につけておくといいですよ。

**Eさん**
私が勤務する保育所には、外国人の保護者が多いです。基本的には日本語が通じるのですが、保護者によってはその人の母国語のほうが伝わりやすいことがあります。私は日常会話程度の英語ができるので、英語が通じる保護者とは英語で話して意思疎通を図ることもありますので、英語などの語学はある程度勉強しておくとよいかもしれません。

**Fさん**
私が今、「身につけておけばよかった！」と後悔しているのは、文章力です。実習では実習日誌や指導案、保育士になってからは指導計画などで、文章を書く機会がとても多いのです。それらを書くたびに、自分の文章力のなさを痛感しているので、たくさん本を読んだり作文の練習をして、文章力をつけておくことをおすすめします。

## Chapter 2

保育士の専門常識その2
# 保育士の働き方

保育士は保育所で働いているイメージがありますが、実は0〜18歳の子どもの保育や世話をおこなう施設の多くで勤務しています。この章では、さまざまな問題を抱えた子どもや保護者をサポートする役割を果たす保育士の働き方を確認しましょう。

> 保育士の活躍の場は幅広いです。どんな働き方があるのかを頭に入れておくことで、自分がめざすべき保育士像をはっきりと思い描くことができます。

**Chapter2** 保育士の専門常識その2　保育士の働き方

# 保育士の活躍の場

- 保育士の働く場にはどのようなものがあるかを知る
- 活躍の場それぞれの詳細を把握する

## 少子化の中でも活躍の場は広がっている

　児童福祉法で、保育士は子どもの保育と保護者の子育てのサポートをおこなう職業と定められています（→P.20）。その役割に合う**活躍の場の中心になるのが、保育所をはじめとする児童福祉施設（→P.45）**です。

　**児童福祉法で規定された児童福祉施設は現在12種類あり、その多くで保育士が活躍しています**。児童福祉施設の中には、子どもや保護者が自宅から通う通所施設と、施設内で生活ができる入所施設があり、それぞれで勤務形態が異なります。

　また、近年では多くの女性が出産後も働くようになり、働き方も多岐にわたっています。そのために保護者の保育ニーズも多様化しており、保育所以外の保育施設・保育サービスが増加傾向にあります。企業内の託児所や病児保育、ベビーシッターなどの施設やサービス（→P.47）においても、保育士の活躍が目立っています。

### keyword

#### 入所施設

入所施設は居住型施設とも呼ばれ、さまざまな理由から自宅で生活できない人が施設に住み、生活全般の援助を受けられます。これに対し、対象者が必要に応じて援助を受けるために通う施設を、通所施設と呼びます。

# 児童福祉施設

## 保育が必要とされる乳幼児の施設

### ●保育所
　何らかの理由で保護者が保育できない、0歳から就学前の子どもの保育をおこなう施設です。保育士は子どもの発達を見守りながら、基本的な生活習慣を身につけさせます。

### ●認定こども園
　保育所と幼稚園の両方の機能を備えた施設です。保育士は夕方まで預かる「長時間部」の子どもと、4時間ほど預かる「短時間部」の子どもの両方の保育を担当します。

## 子どもに健全な育成の場を提供する施設

### ●児童厚生施設
　児童館・児童遊園など、子どもに遊びや活動の場を提供することを目的にした施設です。保育士は、子どもの健康や情操の豊かさを増進させることを心がけます。

## 出産を助ける施設

### ●助産施設
　経済的な理由で入院・助産を受けられない妊産婦を、入所・出産させる施設です。保育士は新生児の世話や、母親への育児のアドバイスをおこないます。

## 社会的な養護をおこなう施設

### ●乳児院
　保護者の病気や死別などの理由で、保護者のもとで生活することができなくなった2歳未満の乳幼児を育てる施設です。保育士は乳幼児の世話をして、発達の様子を見守ります。

### ●児童養護施設
　保護者の病気や虐待などの理由により、家庭で生活できない20歳までの子どもが生活する入所施設です。子どもの生活の援助のために、保育士の配属が義務づけられています。

### ●児童家庭支援センター
　虐待や不登校などの問題を抱えた子どもや家庭に対して早期にサポートをおこなうなど、児童相談所の働きを補う機能です。保育士は子どもの心身の世話を担当します。

## 障害のある子どものための施設

### ●障害児入所施設
障害のある子どもの支援をおこなう入所施設で、福祉的な支援中心の「福祉型」と、治療も実施する「医療型」があります。保育士は子どもの生活全般の世話をします。

### ●児童発達支援センター
障害児に支援をおこなう通所施設で、障害児入所施設と同様に「福祉型」「医療型」があります。保育士は、障害児の生活全般の活動のサポートをおこないます。

## 配偶者のいない女性

### ●母子生活支援施設
配偶者のいない母親とその子どもを保護し、自立と成長の支援をおこなう施設です。保育士は子どもの生活全般の世話をしながら、母親に育児のアドバイスをおこないます。

## 行動や情緒に問題がある子どものための施設

### ●児童自立支援施設
不良行為やそのおそれのある子どもを入所、もしくは通所させて指導をおこなう施設です。保育士は主に入所した子どもの、生活面の世話や指導をおこないます。

### ●情緒障害児短期治療施設
ひきこもりや不登校など、軽度の情緒障害がある子どもを入所、もしくは通所させて治療をおこなう施設です。保育士は施設を利用する子どもの生活指導をおこないます。

---

**memo　保育所だけが就職先ではない**

保育士といえば、保育所で幼い子どもに保育をしているイメージがありますが、保育士養成校を卒業した人の約30％は、保育所以外の福祉施設に就職しています。保育士は幼い子どもに限らず、幅広い年齢層の人々の福祉にかかわれる仕事であることがわかります。

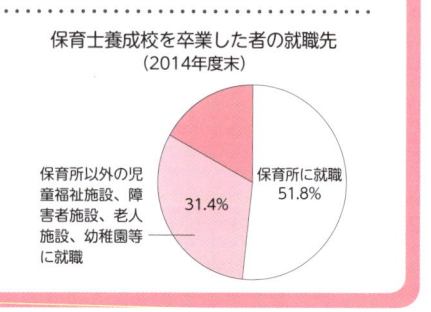

保育士養成校を卒業した者の就職先
（2014年度末）

- 保育所に就職　51.8％
- 保育所以外の児童福祉施設、障害者施設、老人施設、幼稚園等に就職　31.4％

＜厚生労働省雇用均等・児童家庭局保育課の調べをもとに作成＞

## その他の活躍の場

### ●病棟保育
医療機関に「病棟保育士」として勤務し、入院中の子どもたちの生活面の世話や遊び、学習などの援助をおこないます。子どもが抱える悩みの相談に応じることもあります。

### ●産婦人科での保育
妊娠～出産後の女性が安心して出産・育児ができるように、保育士は新生児の世話や育児に関する手助けをします。また、新生児のきょうだいの保育をおこなうこともあります。

### ●病児保育
保育所に通う子どもが病気になり、登園できないうえに保護者も仕事などで面倒を見られない場合、病児専門の保育所や保護者の自宅で、保護者の代わりに世話をします。

### ●学童保育
保護者が仕事などで家庭にいない小学生に対して、放課後に遊びや生活の場を提供する保育事業です。保育士は子どもの遊びの補助をしたり、生活面・安全面の指導をします。

### ●幼児教室
就学前の子どもに、英語や体操などを教えたり、小学校受験のための授業をおこないます。保育士には、子どもそれぞれの発達を理解しながら、能力をのばすことが期待されます。

### ●商業施設
大型商業施設には、保護者の買い物中に子どもを預かる託児室があります。子ども1人あたりの保育時間は短いものの、多くの子どもを保育することになります。

### ●テーマパーク、イベント会場など
遊園地やテーマパーク、イベント会場などにある託児所での一時預かり保育や、迷子センターでの迷子の世話などでも保育士が活躍しています。

### ●ベビーシッター
ベビーシッターの登録会社から派遣されて、保護者の自宅で子どもの保育をおこないます。子どもが大きくなると、保育所や幼稚園、学校への送迎をすることもあります。

### ●子ども用品の企画・販売
保育士の経験を活かし、紙おむつやベビーフードなどの子ども用品メーカーで、子ども向けの商品の企画や販売を担当することもできます。

> **Chapter2**　保育士の専門常識その2　保育士の働き方

# 保育所と幼稚園の違い

- 法律上における保育所と幼稚園の違いを理解する
- 両者の違いをさまざまな観点から確認する

## 業務内容は法律で明確に区別

　保育所と幼稚園は、どちらも未就学児を預かる施設ですが、両者は管轄する省庁が異なり、業務内容も法律にもとづいて厳密に区別されています。

　まず保育所は、厚生労働省の管轄にある施設で、児童福祉法で「保育所は、保育を必要とする乳児・幼児を日々保護者の下から通わせて保育を行うことを目的とする施設（利用定員が二十人以上であるものに限り、幼保連携型認定こども園を除く。）とする。」と規定されています。仕事や介護などで子どもの保育が困難な状況にある保護者の代わりに、子どもの生活全般の世話をはじめとする保育をおこなうのが保育所です。

　一方、幼稚園は文部科学省の管轄の施設で、学校教育法に「幼稚園は、義務教育及びその後の教育の基礎を培うものとして、幼児を保育し、幼児の健やかな成長のために適当な環境を与えて、その心身の発達を助長することを目的とする。」とあり、未就学児の教育の場であることが定められています。

### keyword

**学校教育法**
日本の教育の方針を示した「教育基本法」にもとづき、幼稚園から大学までの学校教育について定めた法律で、1947（昭和22）年に施行されました。この法律で、小学校6年・中学校3年・高等学校3年・大学4年という現在の学制が定められました。

## 保育所と幼稚園で求められる事項

| | 保育所 | 幼稚園 |
|---|---|---|
| 管轄 | 厚生労働省 | 文部科学省 |
| 根拠法 | 児童福祉法 | 学校教育法 |
| 保育内容の基準 | 保育所保育指針 | 幼稚園教育要領 |
| 対象となる子どもの年齢 | 0歳から就学前まで | 満3歳から就学前まで |
| 配属される保育者 | 保育士 | 幼稚園教諭 |
| 施設の目的 | ● 保護者の仕事など、何らかの理由で保育に欠ける子どもを、保護者の委託を受けて保育をおこなう<br>● 子どもの生活の世話や基本的な生活習慣の指導を実施しながら、心身の発達をうながす | ● 家庭では体験できない幼児教育を、集団生活の中でおこなう<br>● 教育方針は、施設によって異なる |
| 1日の保育・教育時間 | 原則として8時間 | 4時間を標準 |
| 年間の保育・教育日数 | 特別な規定はない | 39週を下回らない<br>(特別な事情がある場合を除く) |
| 保育者に割り当てられる子どもの人数 | 保育士1人あたり<br>● 0歳児クラス→乳幼児3人<br>● 1・2歳児クラス→幼児6人<br>● 3歳児クラス→幼児20人<br>● 4・5歳児クラス→幼児30人 | 幼稚園教諭1人が担任の1クラスあたり、35人以下 |
| 給食 | 義務 | 任意 |
| 保育料 | ● 認可保育所の場合→課税状況にもとづいて自治体が決定<br>● 認可外保育所の場合→施設運営者が決定 | ● 公立の場合→自治体が決定する<br>● 私立の場合→施設運営者が決定 |
| 保育者の勤務形態 | 早番や遅番があるシフト勤務。土曜日に勤務があるため、交代で出勤することが多い。 | 多くの幼稚園教諭が、同じ出勤・退勤時間の固定勤務。土日祝日は休みであることが多い。 |

2 保育士の専門常識その2 保育士の働き方

> **Chapter2** 保育士の専門常識その2　保育士の働き方

# 保育所の種類

- 保育所にはどのような種類があるのかを確認する
- 保育所以外の保育施設の種類についても把握する

## 運営者や施設の認可状況によって分類

　保育所はいくつかの種類に分類されます。**一番大きな分類は、公立保育所と私立保育所**です。公立保育所は自治体の運営基準に沿って運営されるため、保育の質の水準がある程度保たれています。一方、私立保育所では施設によって保育方針がさまざまで、早朝保育や夜間保育など多様な保育サービスを提供することが可能です。

　また**保育所は、認可と認可外にも分けられます。国の定める施設面積や職員数などの基準を満たしていると認可保育所となり、それ以外の保育所は認可外保育所になります**。入園の申し込みは、認可保育所の場合は公立でも私立でも自治体に、認可外保育所は施設に直接おこないます。また東京都では認可・認可外のほかに、都が独自に設定した「認証保育所」があります。

### 公立保育所と私立保育所の違い

**公立保育所**
- 自治体が管理・運営をおこない、保育士は公務員として勤務する。
- 自治体の基準に沿って運営するため、地域内の保育の質が均一。
- 保育士の勤続年数は、私立保育所よりも長い傾向にある。
- 人事異動がある。

**私立保育所**
- 社会福祉法人やNPO法人、企業など、さまざまな団体が管理・運営をおこなう。
- 管理・運営団体によって運営基準や保育方針にばらつきがある。
- 施設や設備が充実していることが多い。
- 早朝保育や深夜保育、休日保育など、多様な保育を実施している。

## 認可・認可外・認証の違い

### 認可保育所

- 国の保育所の設置基準を満たし、都道府県に認可された保育所。
- 大幅な公的資金の補助があるため、保育料が比較的安い。
- 保育所がある自治体の住民や、通勤・通学で通う保護者が利用できる。
- 入所の申し込みは、自治体におこなう。

### 認可外保育所

- 国が規定した条件を満たさないために、国の認可を受けていない保育所。
- 保育料の設定は、施設ごとに運営者が決める。
- 保護者の居住地にかかわらず利用できる。
- 入所の申し込みは、施設に直接おこなう。

### 認証保育所

- 都民の多様な保育ニーズに応えるための、東京都独自の制度による保育所。
- 13時間以上の開所と、0歳児の預かりを義務づけている。
- A型（駅前基本型）とB型（小規模、家庭的保育所）がある。

## さまざまな保育施設の形態

近年では、多様な保育ニーズに応えるために、一般的な保育所以外にも下記のような形態の保育施設が認められています。

| タイプ | 内容 |
| --- | --- |
| 事業所内保育 | 企業などが企業内や近隣に用意する、育児中の従業員のための保育施設。ワーキングマザーの多い企業を中心に増えている。 |
| 院内保育 | 病院などの医療施設の職員の子どもを預かる。保護者の勤務に合わせて、子どもの登園スケジュールが変動する。 |
| 駅型保育 | 鉄道会社が駅ビルなどの駅施設内に開設している保育施設。東日本旅客鉄道（JR東日本）や首都圏の私鉄各社が施設開設をおこなっている。 |
| 小規模保育 | 0〜3歳未満児を対象として、定員が6人以上19人未満の少人数でおこなう保育。 |
| 高齢者施設併設 | 「幼老施設」とも呼ばれる。高齢者施設と保育所が併設されている施設。高齢者と子どもがふれあう家庭的な雰囲気の中で保育ができる。 |
| 家庭的保育（保育ママ） | 主に3歳未満の子どもを自宅で預かる保育者、もしくは保育施設のこと。 |

| Chapter2 | 保育士の専門常識その2　保育士の働き方 |

# 男性保育士

- 男性保育士が増加している状況を把握する
- 男性保育士に求められている役割を理解する

## 保育現場からのニーズが高まる

　保育士は、かつては「保母」という女性に限定した職業名で呼ばれることが多い職業でした。しかし、1999年の児童福祉法施行令の改正で名称が「保育士」に定められると、保育の現場に勤務する男性が増えるようになりました。**以前は保育士全体の1％にも満たなかった男性保育士ですが、今では約2.7％を占めています。国勢調査の結果では、1995（平成7）年から2010（平成22）年の間に1万人近くも男性保育士が増え、今後も増加傾向にあると考えられています。**

　これは、保育士が女性だけに限った職業ではないという考えが定着したうえに、保育現場から男性保育士を求める声が増えているためでもあります。保育施設の防犯対策や、思春期の男児への対処など、男性保育士への期待は高まっています。

### 男性保育士の数と割合

|  | 平成7年 | 平成12年 | 平成17年 | 平成22年 |
| --- | --- | --- | --- | --- |
| 保育士総数（人） | 305,090 | 361,488 | 419,296 | 474,900 |
| 男性（人） | 2,515 | 4,666 | 9,277 | 13,160 |
| 割合（％） | 0.82 | 1.29 | 2.21 | 2.78 |

＜平成7〜22年総務省国勢調査　＜職業（小分類），従業上の地位（7区分），男女別15歳以上就業者数＞をもとに作成＞

# 男性保育士に求められる役割

## 防犯

女性職員だけの施設は不審者に狙われやすいため、防犯対策として男性保育士が配置されます。散歩などの屋外活動での安全を確保するために、付き添いもおこないます。

## 力仕事・高所での作業

これまで女性保育士が無理におこなっていた力仕事や、高所の作業を任せられることが多いです。男性が無理なく作業をすることで、職場内での事故も減少します。

## 父親・兄のような存在として

シングルマザーの家庭の子どもたちに、父親的な存在として保育・指導をおこないます。就学後の子どもの施設では、兄のような身近な存在として接することもあります。

## 父親の育児参加をうながす

男性保育士の存在で、男性が育児に参加することが当たり前であることをアピールできます。また、父親が子どもを迎えに来やすくする効果もあると考えられています。

## 男性視点での保育が可能

男児への指導や教育など、女性があまり得意ではない分野を男性保育士が担います。性の悩みを抱えた思春期の男児にも対応ができるため、福祉施設での活躍が可能です。

## 身体的能力

体育指導を実施する保育所では、運動が得意な男性保育士が求められています。また、体の大きさを活かして、サンタクロース役や節分の鬼の役を任されることもあります。

---

**memo ▶ 男性保育士の就職事情**

　保育士養成校でも、多いところでは学生全体の3割を男子学生が占めるなど、保育士が男性の職業のひとつとして根づきつつあります。しかし、保育士として就職しようとすると、男性であるという理由だけで採用を断られることもあるようです。これは採用側の施設に男性用のトイレや更衣室がないなど、男性保育士の受け入れ態勢が整っていないためです。
　反対に、男性保育士用の設備が準備されている新設の保育所などでは、積極的に男性保育士を受け入れる傾向にあります。

保育士の専門常識その2　保育士の働き方

# Chapter2 保育士の専門常識その2　保育士の働き方

# 保育士の待遇

- 現在の保育士の待遇について知る
- 自治体ごとの、保育士の待遇改善策を理解する

## 待遇改善で保育士不足を解消

　厚生労働省がおこなった、2014年度の賃金構造基本統計調査によると、保育士の平均的な雇用や待遇の状況は下記のとおりです。

| 平均年齢 | 勤続年数 | 労働時間 | 超過労働 | 月額給与 | 年間賞与 | 平均年収 |
| --- | --- | --- | --- | --- | --- | --- |
| 34.8歳 | 7.6年 | 168時間/月 | 4時間/月 | 216,100円 | 573,800円 | 3,167,000円 |

　**公立施設に勤務する保育士の場合、自治体の基準で給与額が決められ、私立施設の場合は施設ごとに給与の規準が異なります。**さらに、地域によっての給与格差も生じ、小規模な保育施設ほど給与が低額におさえられる傾向があるのが現状です。

　保育士不足の一因にもなっている保育士の給与の低さを改善するために、保育士の給与の増額や、「保育士宿舎借り上げ支援事業」による住宅費補助などの改善策が自治体ごとに実施されています。

### keyword

#### 保育士宿舎借り上げ支援事業

2013（平成25）年から実施された政策「待機児童解消加速化プラン」に組み込まれた、自治体が保育施設運営者に対して住宅支援金を補助する制度です。現在、待機児童問題が深刻な首都圏の自治体を中心に、さまざまな形式で実施されています。

# 自治体ごとの待遇改善策

## 給与増額につながる補助の支給例

### ●東京都
都内勤務の保育士1人あたりに月平均21,000円の補助金を支給。

### ●千代田区(東京都)
保育士などの職員の待遇改善などに用いることを条件に、区内の私立保育所や認証保育所(→P.51)への補助金として、正規雇用職員1人につき月額20,000円までを支給。

### ●江戸川区(東京都)
区内勤務の保育士が、自分の子どもを保育所に預ける時期まで無給にならないよう、雇用保険の給付金の支給期間を延長させる。延長期間の手当額の2分の1(月額の上限は50,000円)を区が負担。

### ●船橋市(千葉県)
市内の私立保育所、認定こども園、小規模保育所に勤務する保育士への手当として、保育所に保育士1人あたり月額31,980円、期末手当69,170円を補助。

### ●さいたま市(埼玉県)・横浜市(神奈川県)
市内の保育施設が、勤務している保育士のために借り上げる社宅の費用を、1戸あたり月額80,000円の4分の3(60,000円)を上限に助成。

### ●川崎市(神奈川県)
市内の私立保育所の職員の給与に上乗せする「処遇改善費」の、1人あたりの平均月額を以前より7,500円増額の17,100円に変更。

### ●名古屋市(愛知県)
臨時採用の保育士の時給を100円増額させるための補助金を、保育施設運営者に支給。

### ●福岡市(福岡県)
勤続年数に応じて助成する「勤続手当」(保育士1人あたり月額1,000～12,000円)などの、市独自の「業界補助金制度」を施行。

### ●沖縄県
非正規職員を正規雇用した認可保育所に、月額60,000円を最大12か月にわたって助成。

## 保育士宿舎借り上げ支援事業による住宅費補助例

### ●中央区(東京都)
区内の保育施設が、勤務している保育士のために借り上げる社宅の費用を、1戸あたり月額の8分の7を助成。

### ●世田谷区(東京都)
区内の保育施設が、実務経験5年以内の保育士のために借り上げた社宅の家賃を、82,000円まで補助(保育所は新設であることが条件)。

### ●船橋市(千葉県)
市内の私立保育所、認定こども園、小規模保育所が、勤務する保育士のために借り上げる社宅の家賃を、1戸あたり月82,000円を上限に助成。

### ●流山市(千葉県)
市内の私立保育所が、新規採用する保育士のために借り上げた社宅の家賃を、月額82,000円を上限に助成。

| Chapter2　保育士の専門常識その2　保育士の働き方

# 就職先の選び方

- どのような基準で就職先を選ぶかを考える
- 運営団体や保育方針から、自分に合った就職先を探す

## いくつかの基準で就職先を比較する

　近年の保育士不足を反映して、保育士の求人は増加傾向にあります。平成26年度の有効求人倍率（求職者1人に何件の求人があるかの指標）は2.06倍と、一般職の1.15倍と比べて求人が非常に多い状態を示しています。

　多くの求人の中で就職先の選択に迷ったら、**まずは公立施設をめざすべきかを考えてみましょう**。公立施設と私立施設では、個人の適性や働き方が大きく異なるので、両者の特色を十分に確認し、どちらを志望するかを決めましょう。また、**各施設の運営・保育方針への共感度も、就職先選びにおいての重要なポイント**です。どんなに待遇がよくても、施設の方針が自分に合わなければ働きにくさを感じてしまいますので、自分の長所や得意なことを活かせる施設を選ぶようにしましょう。

### 保育士の有効求人倍率（全国平均）

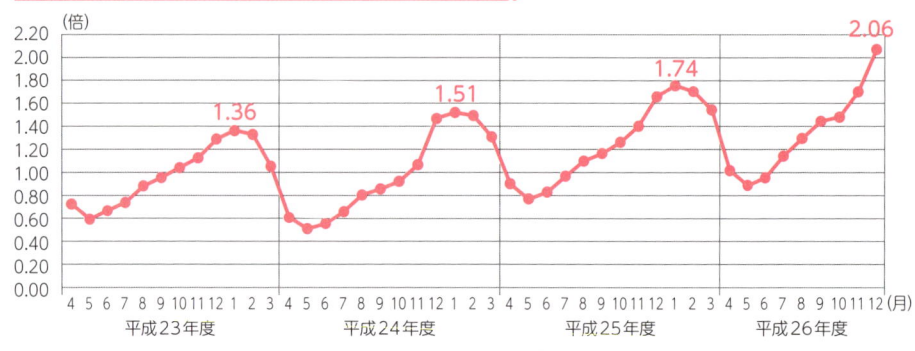

平成23年度：1.36
平成24年度：1.51
平成25年度：1.74
平成26年度：2.06

＜厚生労働省の「職業安定業務統計」のまとめ資料をもとに作成＞

## 就職先選択のポイント

### 公立施設と私立施設の比較

公立施設と私立施設では、働き方にいくつかの違いがありますが、もっとも大きな違いは、勤務形態や給与などのしくみです。それらは、公立であれば自治体の基準で決められるのに対し、私立施設は施設ごと・運営者ごとによって違いがあります。

#### 公立施設

- 自治体ごとに採用がおこなわれ、地方公務員として働く。
- 給与や福利厚生などの面では、私立よりも安定している。
- 自治体の施設間で異動がある。
- 保育の仕事以外に、国や自治体に提出する書類作成などの事務作業をする必要がある。
- 近年、民営化が進められているため、勤務形態が変わる可能性がある。

#### 私立施設

- 施設ごとに運営・保育方針が異なる。
- 早朝保育や深夜保育など、さまざまな保育サービスを提供しているので、自分に合ったスタイルで働くことができる。
- 公立施設よりも行事が多く、準備作業に追われることがある。
- 公立施設よりも、若い職員が採用される傾向にある。

### 保育方針の違い

保育施設の主な保育方針は下記のとおりです。一般的には「自由保育」と「設定保育」を組み合わせた方針で運営する保育施設が多いです。

- 子どもの自主性に任せる「自由保育」。
- 保育者が明確な目標をもって指導する「設定保育」。
- 小学校受験に対応する「受験対応型」。
- 裸や裸足での保育など、健康面で特色がある保育。
- さまざまな宗教にもとづく保育。

### 待遇面のチェック

給与や福利厚生などの待遇や、離職率（一定の期間内で、その仕事を離れた人数の割合）を働きやすさの目安として調べておきましょう。

- 給与形態は月給、時給、年俸のうち、どれか。
- 賞与（ボーナス）の支給はあるか。
- シフトや休日の取り方など、どのような勤務形態になるのか。
- どのような福利厚生があるか。
- 自家用車での通勤が可能か。
- 離職率が高くないか。

## 保育士の働き方 理解度チェック問題

**問1** 下の❶〜❽は、保育士の活躍の場について説明した文章である。説明の内容にあてはまる語句を枠の中から選びなさい。

❶ 幼稚園と保育園の両方の機能を備えた施設。

❷ 何らかの問題によって、家庭で生活できない20歳までの子どもが入所して生活する施設。

❸ 児童館や児童遊園など、子どもの遊びや活動の場を提供する施設

❹ 0歳から就学前の子どもを預かって、保育をおこなう施設。

❺ 医療機関に入院中の子どもの生活の世話などをおこなう。

❻ 保護者の自宅などで子どもの保育をおこなうサービス、またはそれを実施する人の名称。

❼ 障害のある子どもを入所させて、治療や福祉的支援をおこなう施設。

❽ 保育所に通う子どもが病気になったとき、保護者の代わりに自宅などで保育をおこなう。

---

保育所　認定こども園　児童厚生施設　障害児入所施設
児童養護施設　病棟保育　病児保育　ベビーシッター

---

**答え** 問1 ❶認定こども園　❷児童養護施設　❸児童厚生施設　❹保育所　❺病棟保育　❻ベビーシッター　❼障害児入所施設　❽病児保育

**問2** 下の❶〜⓮は、保育所と幼稚園のどちらの説明をしているかを答えなさい。

❶ 満3歳から就学前までの子どもを対象とする。

❷ 保育所保育指針によって、保育内容の基準が定められている。

❸ 厚生労働省が管轄になっている。

❹ 子どもへの給食の提供が義務になっている。

❺ 保育者1人が担任の1クラスにつき、35人以下の子どもが割り当てられる。

❻ 何らかの理由で、保護者が保育できない子どもを保育する場である。

❼ 学校教育法によって、子どもへの指導の基準が決められている。

❽ 保育士が勤務している。

❾ 1日の保育時間は、原則として8時間である。

❿ 年間の保育・教育日数は、39週を下回らないように定められている。

⓫ 0歳から就学前までの子どもを対象とする。

⓬ 集団による幼児教育をおこなう場である。

⓭ 保育者は早番や遅番などのシフト制で勤務する。

⓮ 1日4時間を標準にして、子どもを保育・教育する。

**答え** 問2 ❶幼稚園 ❷保育所 ❸保育所 ❹保育所 ❺幼稚園 ❻保育所 ❼幼稚園 ❽保育所 ❾保育所 ❿幼稚園 ⓫保育所 ⓬幼稚園 ⓭保育所 ⓮幼稚園

## 問3 下の❶〜❻が、認可保育所・認可外保育所・認証保育所のうち、どの保育所の説明であるかを答えなさい。

❶ 東京都限定の制度による保育所。

❷ 国の保育所の設置基準を満たし、都道府県に認可された保育所。

❸ 保育所がある自治体の住民や通勤・通学者しか利用できない。

❹ 施設に直接入園の申し込みをおこなう。

❺ 国の保育所の設置基準を満たさないため、認可を受けていない保育所。

❻ 駅前に設置されたA型と、小規模なB型がある。

## 問4 下の❶〜❺の保育施設の形態の名称を答えなさい。

❶ 高齢者施設と併設されている保育施設。

❷ 鉄道会社が駅施設内に開設している保育施設。

❸ 企業が従業員の子どものために、企業内の施設などに設置している保育施設。

❹ 医療施設で働く職員の子どもを預かる保育施設。

❺ 0〜3歳未満児を対象に、6人以上19人未満の少人数で保育を実施する施設。

### 答え
問3 ❶ 認証保育所 ❷ 認可保育所 ❸ 認可保育所 ❹ 認可外保育所 ❺ 認可外保育所 ❻ 認証保育所

問4 ❶ 高齢者施設併設 ❷ 駅型保育 ❸ 事業所内保育 ❹ 院内保育 ❺ 小規模保育

### 問5 下の文章は、男性保育士について説明したものである。カッコにあてはまる語句を答えなさい。

保育士は、以前は女性に限定した（ ❶ ）という名称で呼ばれることが多い職業であった。しかし1999年の（ ❷ ）の改正によって名称が「保育士」に定められると、保育現場で働く男性が増えた。国勢調査の結果では、1995～2010年の間に（ ❸ ）人近くも男性保育士が増え、2010年には男性保育士の割合が約（ ❹ ）％になっている。

### 問6 下の❶～❺の問いに答えなさい。

❶ 自治体が保育施設運営者に対して、雇用している保育士の住宅支援金を補助する制度の名称を答えなさい。

❷ 東京都が都内勤務の保育士1人あたりに支給している補助金の、1か月の平均額を答えなさい。

❸ 厚生労働省のまとめによる、平成26年度の保育士の有効求人倍率を答えなさい。

❹ 保育士の人事異動があるのは、公立保育所と私立保育所のどちらか答えなさい。

❺ 就職先を選ぶときの目安のひとつである、その職場の一定期間内における退職者の割合を表したものの名称を答えなさい。

---

**答え**
問5 ❶ 保母 ❷ 児童福祉法施行令 ❸ 1万 ❹ 2.7
問6 ❶ 保育士宿舎借り上げ支援事業 ❷ 21,000円 ❸ 2.06倍 ❹ 公立保育所
❺ 離職率

# 保育士インタビュー③

**Q 保育士になってよかったと思うのはどんなときですか?**

**Gさん**
子どもの成長を毎日見守れることです。「昨日できなかったことが、今日はできる」なんてことはよくあることで、できた瞬間の子どものキラキラした笑顔を見ると、疲れも吹っ飛んでしまいます。手先が器用ではない子どもが一生懸命に工作をして、大作を完成させたときには、「何事もあきらめてはいけないんだ」と感動したものです。

**Hさん**
数年前に産休を取ったとき、担当していた子どもたちを卒園まで見届けられないことが残念で、申し訳なく思っていたのです。しかし、多くの保護者から「子どもたちはみんな先生を大好きなので、元気な赤ちゃんを産んだら必ず戻ってきてください」と励まされたときは、本当にうれしかったし、出産後も多くの子どもや保護者とかかわり続けたいと思えました。

**Iさん**
卒園を控えていた子どもが、みんなの前で将来の夢を発表するときに、「大きくなったら、先生みたいな保育士になりたい」と言ってくれたときは、驚きと感動の気持ちでいっぱいになりました。自分が保育士として一人前になれたと実感したのはもちろん、これからも多くの子どもの手本となれるような存在でいようと、気が引き締まりました。

Chapter 3

## 保育士の専門常識その3
# 保育の現場

保育士は働く現場によって、1日の多くの時間を施設内の子どもの保育にあてることもあれば、地域の子どもや保護者を対象にした勤務が中心になることもあります。多くの保育士が働く保育所を中心に、保育士の現場での様子を知っておきましょう。

> 保育士の具体的な仕事の内容を学びましょう。くわしく知ることで、施設ごとの働き方の特徴が見え、自分に合った職場が探しやすくなります。

**Chapter3** 保育士の専門常識その3　保育の現場

# 保育士の1日

- 施設による保育士の1日の働き方の違いを知る
- 保育士はいくつかのシフトに分かれ、交代制で働くことが多い

## 施設によって勤務時間と世話の内容が異なる

　保育士は保育所をはじめとする保育施設や児童福祉施設など、さまざまな施設に勤務し、多くの子どもの世話をおこないます。一般的な保育所のように、子どもの保育や世話が日中の8時間ほどの施設もあれば、子どもを24時間見守る施設もあり、夜勤が必要な場合もあります。どのような施設でも、長時間にわたって子どもの保育や世話をおこなうため、保育士はシフト制で勤務することが多いです。

　また、施設によって子どもの年齢や必要とする世話の内容が異なるため、1日の時間の使い方にも違いがあります。子どもに保育をおこなう以外にも、どのような業務に時間を割り振っているのか、施設ごとの働き方を確認しておきましょう。

### 勤務のシフト例

**公立保育所で3交代の場合**
早番　　7:45〜16:30
平常番　8:30〜17:15
遅番　　9:45〜18:30

**入所施設で3交代の場合**
日勤　　8:00〜16:45
準夜勤　16:00〜 0:45
夜勤　　1:00〜 8:45

**入所施設で5交代の場合**
早番　　6:30〜15:15
平常勤　8:30〜17:15
遅番　　9:30〜18:15
特遅番　11:15〜20:00
夜勤　　16:15〜 8:45

## 保育所での1日

　もっとも多くの保育士が就職する場である保育所では、子どもを朝から8時間以上保育する必要があるため、「早番」「平常番」「遅番」の3つのシフトで働くことが多いです。朝は登園してくる子どもを出迎えて、それぞれの年齢に合った世話や自由遊びの見守り、昼食の準備や補助、午睡、保護者が迎えに来るまでの生活全般の世話をおこないます。子どもたちの降園後には、指導計画（→P.70)を作成したり、行事の準備をおこないます。

### 1日のスケジュール（公立保育園の平常番）

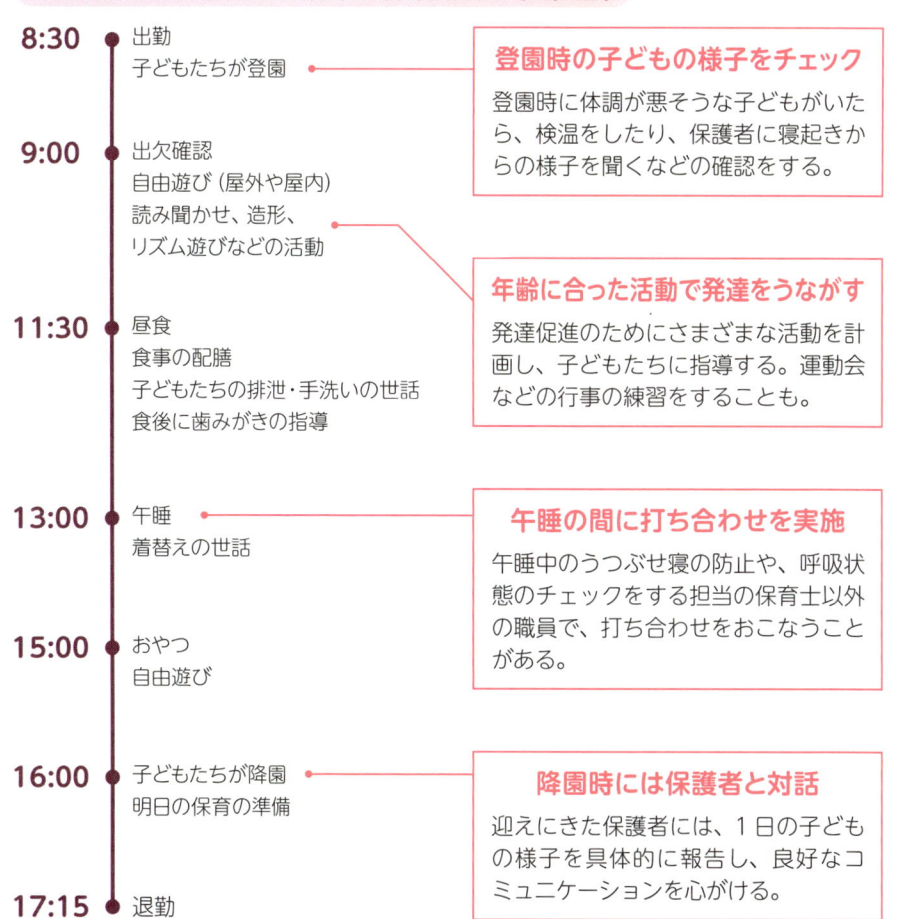

**8:30** 出勤
子どもたちが登園

> **登園時の子どもの様子をチェック**
> 登園時に体調が悪そうな子どもがいたら、検温をしたり、保護者に寝起きからの様子を聞くなどの確認をする。

**9:00** 出欠確認
自由遊び（屋外や屋内）
読み聞かせ、造形、
リズム遊びなどの活動

> **年齢に合った活動で発達をうながす**
> 発達促進のためにさまざまな活動を計画し、子どもたちに指導する。運動会などの行事の練習をすることも。

**11:30** 昼食
食事の配膳
子どもたちの排泄・手洗いの世話
食後に歯みがきの指導

**13:00** 午睡
着替えの世話

> **午睡の間に打ち合わせを実施**
> 午睡中のうつぶせ寝の防止や、呼吸状態のチェックをする担当の保育士以外の職員で、打ち合わせをおこなうことがある。

**15:00** おやつ
自由遊び

**16:00** 子どもたちが降園
明日の保育の準備

> **降園時には保護者と対話**
> 迎えにきた保護者には、1日の子どもの様子を具体的に報告し、良好なコミュニケーションを心がける。

**17:15** 退勤

―― 3　保育士の専門常識その3　保育の現場

# 児童養護施設での1日

　何らかの理由で、保護者のもとで生活できない子どもが生活する児童養護施設では、子どもを24時間見守る必要があるため、日勤と夜勤などのシフトを組み、交代制で勤務します。

　子どもたちと一緒に食事をつくったり、悩みの相談を受けるなど、子どもたちが家庭的な雰囲気の中で生活できるように心がけます。さらに、子どもたちが自立して生活できるように、心理面での支えになる必要があります。

## 1日のスケジュール（夜勤）

- **16:00** 出勤
  日勤の職員と引き継ぎ
  夕食づくり

  **引き継ぎで子どもの様子を確認**
  交代する職員から子どもたちの様子や注意点を確認する。施設内の状況や問題点を共有することも大切。

- **16:30** 子どもたちが帰宅

- **18:00** 子どもたちと夕食
  宿題などの学習指導

  **夕食は大切なコミュニケーション**
  夕食では子どもと職員全員で一緒に食卓を囲み、子どもたちとコミュニケーションをとるようにする。

- **20:00** 子どもたちが入浴
  洗濯

- **21:00** 個別相談・援助

  **個別相談で子どもの心を知る**
  子どもの方から相談をもちかけられる場合と、定期的に保育士から子どもに声を掛けて面談をする場合がある。

- **22:00** 子どもたちが就寝
  翌日の朝食などの準備

- **0:00** 深夜勤の職員が出勤
  引き継ぎ
  日誌、連絡帳への記入

  **日誌や連絡帳には詳細を記入**
  日誌や記録は職員ごとに実施。間違った対応をしないためにも、記録は詳細におこなう。

- **1:00** 退勤

# 児童発達支援センターでの1日

　障害を抱えた子どものための通所施設で、保育士は医師や看護師、心理療法担当の専門家とともに、療育や訓練の指導や援助をおこないます。保育士が主にかかわるのは、生活指導や日常生活のための療育・訓練で、入所施設の子どもについても担当することがあります。また、障害児の保護者の相談相手になって悩みや不安を解消する手助けをするなど、長期にわたって精神的なサポートをする必要があります。

## 1日のスケジュール

- **8:30** 出勤／指導の準備
- **9:00** 通所の子どもの療育・訓練指導
- **11:30** 保護者との面談・相談／療育指導の反省を職員同士でおこなう
- **13:00** 昼食
- **14:00** 入所者の療育・訓練指導
- **15:30** 片づけ／道具などの安全確認
- **16:30** 1日の指導記録を記入
- **17:30** 退勤

### 障害や発達に合わせた療育
療育指導は、障害の度合いや発達に合わせたペースでおこなう。実施時間は、子ども1人につき1時間ほど。

### 保護者の悩みを受け止める
保護者と定期的に面談し、日常生活での悩みを受け止め、それを解消するための療育の進め方を説明する。

### 反省会で改善策を見つける
毎日、職員同士で互いの指導の反省点を指摘し合い、次回の指導に活かすためにも改善策を考える。

### 入所施設の療育も担当
入所施設が併設、または近くにある場合には、入所者の療育や訓練の指導もおこなう。職業訓練を実施することもある。

---

3　保育士の専門常識その3　保育の現場

# 児童館での1日

　児童館に勤務する保育士の仕事は、来館する子どもと保護者への対応と、学童保育の子どもの世話が中心です。学童保育の子どもたちには、在館中の生活全般の世話や、遊びや学習の補助をおこない、放課後の安全な生活と遊びの場を提供します。

　また、生活地域の子育て支援として、乳幼児の親子サークルの活動のサポートをしたり、児童館でのイベントを企画するのも大切な仕事です。

## 1日のスケジュール

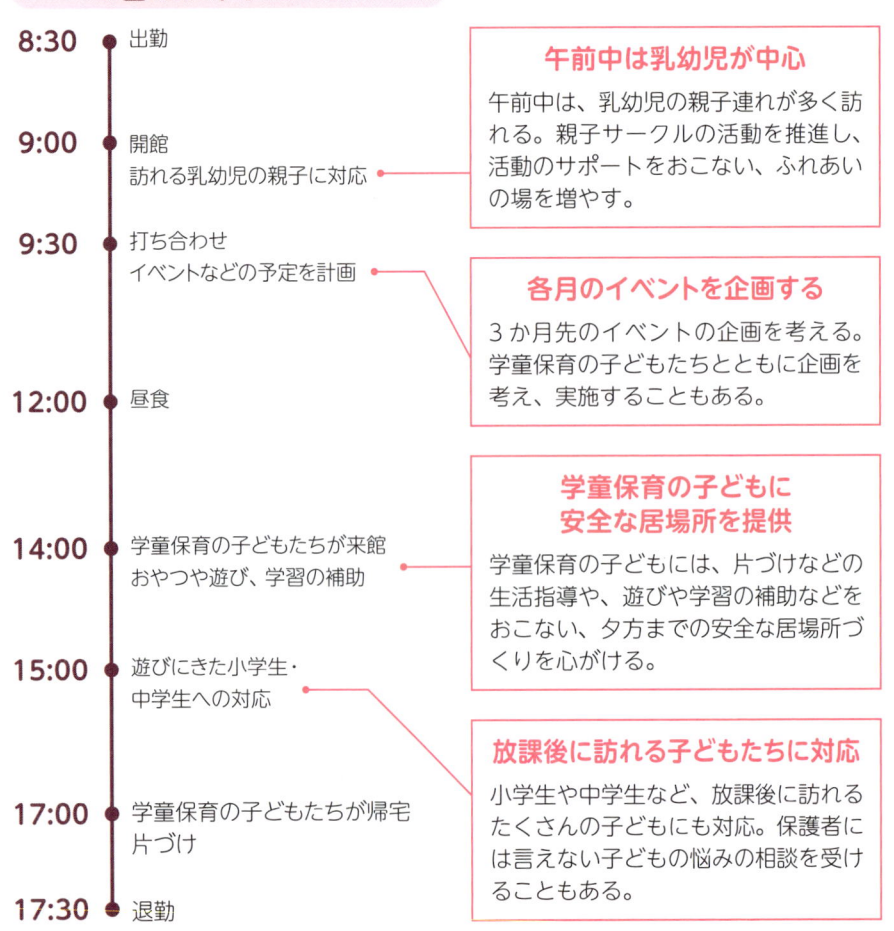

- 8:30 出勤
- 9:00 開館　訪れる乳幼児の親子に対応
- 9:30 打ち合わせ　イベントなどの予定を計画
- 12:00 昼食
- 14:00 学童保育の子どもたちが来館　おやつや遊び、学習の補助
- 15:00 遊びにきた小学生・中学生への対応
- 17:00 学童保育の子どもたちが帰宅　片づけ
- 17:30 退勤

### 午前中は乳幼児が中心
午前中は、乳幼児の親子連れが多く訪れる。親子サークルの活動を推進し、活動のサポートをおこない、ふれあいの場を増やす。

### 各月のイベントを企画する
3か月先のイベントの企画を考える。学童保育の子どもたちとともに企画を考え、実施することもある。

### 学童保育の子どもに安全な居場所を提供
学童保育の子どもには、片づけなどの生活指導や、遊びや学習の補助などをおこない、夕方までの安全な居場所づくりを心がける。

### 放課後に訪れる子どもたちに対応
小学生や中学生など、放課後に訪れるたくさんの子どもにも対応。保護者には言えない子どもの悩みの相談を受けることもある。

# ベビーシッターの1日

　ベビーシッターは、保護者の自宅などで、主に1対1で子どもの世話をします。対象が乳児であれば、授乳やおむつ替えなどの日常の世話から、体調不良の際には病院への通院もおこないます。幼児や児童が対象である場合は、幼稚園や学校、塾、習い事などの送迎や、食事や入浴の補助をおこなうことが多いです。最近では、子どもに英語を教えるなど、生活の世話にとどまらないサービスを提供することも増えています。

## 1日のスケジュール（対象が小学生である場合）

- **15:00** 子どもを学校まで迎えに行く
- **15:30** 公園で遊ぶ子どもを見守る
- **16:30** 保護者宅へ帰宅／宿題などの補助
- **18:00** 保護者の指示に従い、子どもに夕食を与える
- **19:00** 入浴の補助／報告書を作成／交通費などの費用の精算用書類の記入
- **20:00** 保護者が帰宅／子どもの様子を報告／退勤

### 保護者の代わりに子どもを送迎
学校や塾、習い事の送り迎えをおこなう。その際にかかった交通費などの費用は、保護者に負担してもらう。

### 食事は用意されたものを
食事は、保護者が事前に用意したものを食べさせることが多い。サービスによっては、ベビーシッターが調理することもある。

### 報告書は2種類ある
報告書は、保護者に対するものと、ベビーシッターの派遣会社に対するものの2種類がある。どちらも事実を具体的に記入する。

### 保護者には詳細な報告を
保護者が帰宅したときには、預かっていた間の子どもの様子を伝える。食べたものや宿題の状況も報告する。

3　保育士の専門常識その3　保育の現場

Chapter3　保育士の専門常識その3　保育の現場

# 保育施設の指導計画

- 指導計画には何をどのように書くのかを知る
- 年間指導計画・月案・週案・日案の書き方を理解する

## 保育の目標を達成するための計画

　保育士が保育施設で実際に保育をおこなう場合、どのような目標をもって、どのような保育をすべきかを「指導計画」に記入します。

　指導計画は、保育施設の全体的な計画である「保育課程」に示された、保育施設の理念や方針、子どもの発達にもとづいた保育の内容を参考に作成します。最初に、1年を通した目標や保育の流れを示した「年間計画」を作成したうえで、ひと月ごとの「月案」へと計画を分け、さらに1週間分の計画である「週案」や1日ごとの計画の「日案」で、具体的な保育内容を設定します。またいずれの指導計画も、「子どもの姿」「ねらい・内容」「環境構成・保育者の援助」などから構成されており、年間計画にある目標を着実に達成するために保育内容を組み立てます。

### 指導計画作成の流れ

計画を細分化していく →

保育所
**保育課程**

幼保連携型認定こども園
**教育課程その他の教育及び保育内容**

→ 年間計画 → 月案 → 週案 → 日案

## 指導計画の各項目

指導計画の各項目は、下記のような順番で記入します。最初にめやすになる目標を立て、子どもの様子を踏まえながら、具体化・詳細化した計画を立てます。

### 目標
それぞれの指導計画の期間における、めざすべき子どもの成長・発達の状態を記入します。

### 前月・前週の子どもの様子
月案や週案で、前月・前週の子どもの様子を踏まえて計画をつくるために記入します。

**目標実現のために、大まかな活動を決定**

### ねらい
「目標」で設定した発達・成長のために、その時期の子どもに必要な指導内容を記入します。

### 内容
「ねらい」を実現させるのに、子どもに必要な活動や経験について、具体的に記入します。

**具体的な活動の計画を立てる**

### 環境構成
「内容」を実施するために、子どもの活動のしやすさを考え、遊具などの配置を考えます。

### 予想される子どもの活動
「内容」の実施において、子どもがどのような行動・活動をするかを予測して記入します。

### 保育者の援助
「予想される子どもの活動」を踏まえ、子どもにどんな援助が必要か具体例を挙げます。

### 家庭との連携
家庭と連携する必要がある保育について、保育者に求めるべき援助の内容を記入します。

## 年間計画の内容と記入のポイント

　年間計画は、年間目標を設定したうえで、1年を1期（4～6月）、2期（7～9月）、3期（10～12月）、4期（1～3月）の4つに分けて、それぞれの項目に書き込むのが一般的です。

### 年間計画のフォーマット例

| 年間目標 | | | | |
|---|---|---|---|---|
| 通年のねらい | | | | |
| 期 | 1期（4～6月） | 2期（7～9月） | 3期（10～12月） | 4期（1～3月） |
| ねらい | | | | |
| 内容 | | | | |
| 環境構成 | | | | |
| 予想される子どもの活動 | | | | |
| 保育者の援助 | | | | |
| 家庭との連携 | | | | |
| 行事 | | | | |

### ◆ POINT

**① 保育課程などに沿った計画を**

保育課程などで設定された目標を1年で達成できるように、保育内容を12か月にバランスよく分配します。

**② 子どもの年齢に合わせて1年を見通す**

担当する子どもが1年でどのような成長・発達を遂げるのか、子どもの年齢に合わせた見通しを立てて作成します。

**③ 4月から3月までの流れを意識する**

入園・進級のある4月から卒園の3月までの1年の流れを意識して、子どもが成長しやすい保育内容を検討します。

**④ 行事は年間の中に分散させる**

行事は一時期に集中させることなく、年間の中に分散させるようにして、準備期間には余裕をもたせて計画を立てましょう。

## 月案の内容と記入のポイント

　月案では、4月から3月の各月を、それぞれ第1～4週に分けて計画します。前月の子どもの心身の発達を踏まえて、その月のねらいや行事を決めるには、季節の変化を反映させて考えます。

### 月案のフォーマット例

| 前月の子どもの様子 | 月間のねらい | 家庭との連携 | 行事 |
|---|---|---|---|
|  |  |  |  |

| 期 | 第1週 | 第2週 | 第3週 | 第4週 |
|---|---|---|---|---|
| ねらい |  |  |  |  |
| 内容 |  |  |  |  |
| 環境構成 |  |  |  |  |
| 予想される子どもの活動 |  |  |  |  |
| 保育者の援助 |  |  |  |  |
| 食育 |  |  |  |  |
| 健康管理 |  |  |  |  |

### ◆ POINT

**① 年間計画を参考に内容を設定**
年間計画を実行するために、各月で達成すべき内容を設定します。年間計画の内容を分散させた各月の役割を把握します。

**② 前月の子どもの様子を踏まえる**
前月の子どもの様子を観察・考察し、子どもの中で育ちつつある能力を伸ばすことを心がけて、各月の計画をします。

**③ 各月の季節に合った保育を計画**
子どもに季節を体感させるためにも、4月にお花見、7月に七夕など、各月の季節に合った保育や行事を計画します。

**④ 食育や健康についても計画をする**
月案では、食育や健康管理についても計画をします。旬の食材に触れさせることや、感染症予防の徹底などを目標にします。

# 週案の内容と記入のポイント

週案は、子どもの1週間の生活を見通して保育の計画を立てるものです。1週間のスタートである月曜日から金曜日（もしくは土曜日）まで、天候に配慮しながら行事や活動のスケジュールを具体的に練り上げます。

## 週案のフォーマット例

|  | 前週の子どもの様子 |  |
|---|---|---|
| /（月） | ねらい | 環境構成 |
|  | 内容 | 保育者の援助 |
| /（火） | ねらい | 環境構成 |
|  | 内容 | 保育者の援助 |
| /（水） | ねらい | 環境構成 |
|  | 内容 | 保育者の援助 |
| /（木） | ねらい | 環境構成 |
|  | 内容 | 保育者の援助 |
| /（金） | ねらい | 環境構成 |
|  | 内容 | 保育者の援助 |
| /（土） | ねらい | 環境構成 |
|  | 内容 | 保育者の援助 |

### ◆ POINT

**① 月案を参考に各週の内容を設定**

月案の内容をさらに細分化し、毎週の保育に割り当てる設定をするのが週案です。月案の内容を各週に割り合てます。

**② 前週からのステップアップを考える**

子どもの成長・発達のために、前週よりもステップアップさせるべきことを考えて、この週の活動を計画します。

**③ 1週間の中で活動を達成させる**

造形や運動などの活動は、1週間の中でひと通り完成・達成できるように、活動時間や指導法の設定をします。

**④ 天候を配慮した計画をする**

天気予報などであらかじめ天候を確認し、活動内容を検討します。特に屋外での活動は、雨天時の代わりの活動も計画します。

# 日案の内容と記入のポイント

　登園から降園までの子どもの1日の生活を予想して、保育を計画するのが日案です。週案で考えた1週間の内容をより細分化して、毎日の達成度を考えながら時系列で作成します。

## 日案のフォーマット例

| 月　日（　） | 天気： | 児童数： | 欠席児童数： |
|---|---|---|---|
| ねらい | | | |
| 内容 | | | |
| 時間 | 環境構成 | 予想される子どもの姿 | 保育者の援助 |
| | | | |

## ◆ POINT

**① 週案を参考に毎日の計画をする**

週案の内容を月曜日から金曜日（もしくは土曜日）までの間で達成するために、その日にするべきことを計画の中に盛り込みます。

**② 毎日のつながりを考えて計画する**

その日1日だけのことを考えず、前日の子どもの様子を踏まえ、さらに翌日に何をすべきかを考えて、その日の予定を立てます。

**③ 時系列で作成する**

「時間」の欄に15～30分おきに設定時間を記入し、「環境構成」や「保育者の援助」などの計画を具体的に時系列で作成します。

**④ できなかった活動は翌日に持ち越す**

日案で計画してその日のうちにできなかった活動は、翌日に持ち越します。ただし、週案の内容は1週間内で終わらせます。

3 保育士の専門常識その3　保育の現場

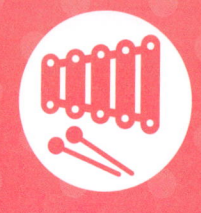

## Chapter3　保育士の専門常識その3　保育の現場

# 保育所の行事

- 保育所が実施する行事には、どのような意味があるのかを知る
- 1年間の行事の開催時期と、行事の内容を把握する

## 子どもの成長・発達をうながし、披露する

　**保育所では毎月1回、何らかの行事が実施されます**。行事には、入園式や卒園式などのお祝いとしておこなうものや、運動会やおゆうぎ会などの、日頃の保育の中で練習した成果を披露するものがあります。また、七夕やひな祭りなどの季節や日本の暦と結びついた行事も多く、子どもに季節感を教えたり、伝統に触れる機会をつくるきっかけにもなっています。また、その地域独特の伝統や風習にまつわる行事を開催することもあります。

　私立保育所では、親子遠足や親子祭りなどの保護者が参加する行事が比較的多く開催されます。公立保育所では、保護者のかかわりは最低限にとどめられ、子どもを主体にした行事が多いです。

### 行事の分類

**●お祝いとして実施**
子どもの晴れの日をお祝いする行事。
入園式、卒園式など

**●保育を充実させる**
毎日の保育の内容を充実させるための行事。
避難訓練、芋ほりなど

**●日頃の成果を披露**
子どもの成長・発達を披露する行事。
運動会、おゆうぎ会など

**●季節や伝統を踏まえたもの**
二十四節気にちなんだ行事など。地域の行事を実施することもある。
七夕、ひな祭りなど

**●保護者とのかかわり**
保護者が参加したり、実際の保育にかかわる行事。
保育参観、親子遠足など

# 4〜7月の行事

## 4月
- 入園式
- お誕生日会

入園式は1年間のスタートとなる行事です。入園・進級したばかりの子どもは気持ちが不安定なことが多いので、行事を少なめにしてゆっくりと保育をおこないます。

## 5月
- 端午の節句
- 親子遠足
- お誕生日会

気候が安定している時期なので、遠足を実施する保育所が多いです。私立保育所や一部の公立保育所では、保護者が参加する親子遠足を実施することがあります。

## 6月
- 保育参観
- 避難訓練
- お誕生日会

年に3回ほど予定されている保育参観の1回目を実施します。新入園の子どもが保育所に慣れ、落ち着いた行動をとれるようになる時期に入るので、避難訓練をおこないます。

## 7月
- 七夕
- 夏祭り
- お泊まり会
- お誕生日会

夏祭りは、子どもが主役となって保護者と協力して実施したり、地域住民と共同で開催したりします。保育所内に1泊するお泊まり会は、年長児（6歳児）限定の行事です。

3 保育士の専門常識その3　保育の現場

# 8〜11月の行事

## 8月

- 夕涼み会
- お誕生日会

8月はお盆に長い休みをとる子どもがいることもあり、行事は少なめです。また、暑さで日中の屋外での活動が難しいため、夕方の涼しい時間帯に夕涼み会を実施します。

## 9月

- 引き渡し訓練
- 保育参観
- お月見会
- お誕生日会

災害時の対応確認のため、保護者に指定した時間に迎えに来てもらう引き渡し訓練があります。また、夜に再登園してもらい、十五夜を観賞するお月見会を実施します。

## 10月

- 運動会
- 芋ほり
- お誕生日会

保育所のもっとも大きな行事である運動会を開催します。保育士や保護者、未入園のきょうだいが参加できる競技を用意します。芋ほりは、食育の一環として実施します。

## 11月

- おゆうぎ会
- お誕生日会

おゆうぎ会では、日頃の保育で練習している歌やダンスなどを保護者の前で披露します。保育所によっては、歌をメインにした「合唱会」として実施することがあります。

# 12〜3月の行事

## 12月
- 展覧会
- クリスマス会
- お誕生日会

展覧会では、保育の活動で作成したお絵かきや工作などを展示して、保護者に成長の歩みを披露します。クリスマス会は、保育士がサンタクロースに扮して登場します。

## 1月
- おもちつき
- お誕生日会

年始休みがあるため、行事は少なめです。伝統的な行事であるおもちつきは、食育のひとつでもあります。土日に開催して、父親たちにもちをついてもらうことが多いです。

## 2月
- 節分
- 保育参観
- お誕生日会

節分では、鬼役になった大人に子どもたちが豆を投げつけます。鬼役には男性保育士が扮することが多いです。また、年度最後の保育参観もこの時期に開催されます。

## 3月
- ひな祭り
- お別れ会
- 卒園式
- お誕生日会

子ども同士でお別れをするお別れ会を経て、年長児の卒園を祝う卒園式をおこないます。小学生になる卒園児の気持ちはもちろん、在園児たちの進級する気持ちも高めていきます。

3 保育士の専門常識その3 保育の現場

**Chapter3** 保育士の専門常識その3　保育の現場

# 保育現場で一緒に働く仲間

- 保育士が保育現場でともに勤務する職業を知る
- 保育士は福祉全般の職業の人とかかわることになる

## 連携して子どもの成長と自立をサポート

　保育士の実際の勤務においては、多くの仲間とともに協力して、保育や福祉の仕事にあたります。保育所の給食の献立考案や調理には、栄養士や管理栄養士、調理師がかかわります。また、小学校教員と連携して、子どもの保育所での成長・発達を小学校での成長につなげます。ぜんそくやアレルギーなどの慢性的な疾患の対応には、医師や看護師との連携も不可欠です。

　多くの児童福祉施設では、子どもが抱えるさまざまな問題に対処できる職員とともに、子どもの成長と自立をサポートします。保育士は、主に生活の補助をおこないながら子どもの心をほぐし、心理の専門職員と協力して、子どもの心の健康を取り戻す手助けをします。

### 保育士と他の職業とのかかわり

| 保育士 | | |
|---|---|---|
| ⇔ | 子どもをともに支援 | ●幼稚園教諭　●小学校教員 など |
| ⇔ | 給食や食育で連携 | ●栄養士、管理栄養士　●調理師 など |
| ⇔ | 子どもの疾患への助言・支援 | ●医師　●看護師 など |
| ⇔ | 子どもの問題解決で連携 | ●児童福祉司　●児童心理司 など |

# 保育士とともに働く職業

## 幼稚園教諭
幼稚園や認定こども園に配属され、幼児教育を担当します。認定こども園では、保育士とともに子どもの保育・教育をおこないます。

## 小学校教員
保育士から保育所での保育・教育状況を引き継ぎ、入学した子どもが小学校に無理なく適応できるように教育・指導をおこないます。

## 栄養士・管理栄養士
人々の健康のために栄養・給食管理をする職業です。保育所では、子どもの成長に必要な栄養を考えた給食のメニューをつくります。

## 調理師
調理と栄養の知識・技能を兼ね備えた職業です。清潔で安全な調理法によって、子どもたちにおいしい給食を提供します。

## 児童福祉司
児童相談所で子どもの福祉に関する相談に応じます。保育所などの児童福祉施設で、保育士と連携して子どもの問題に対処します。

## 児童心理司
児童相談所で、子どもに対して心理検査や面談で心理判断をおこないます。保育士から、子どもの心理面についての相談を受けます。

## 臨床心理士
情緒面や精神面で問題を抱える子どもに療法を実施します。保育士は、療法を受ける子どもの付き添いなどにかかわります。

## 医師・看護師
疾患・ケガの診断や治療をおこないます。アレルギーなどの慢性的な疾患がある子どものために、保育士に保育上のアドバイスをします。

3 保育士の専門常識その3 保育の現場

## 保育の現場 理解度チェック問題

**問1** 下の❶〜❾は、保育所・児童養護施設・児童発達支援センター・児童館・ベビーシッターのうち、どこで働く保育士の仕事内容かを答えなさい。

❶ 午前中は、訪れてくる乳幼児の親子への対応をおこなう。

❷ 子どもを学校に迎えに行ったり、塾や習い事の送迎をおこなう。

❸ 子どもたちの午睡の間に、打ち合わせをおこなうことがある。

❹ 午前中は通所の障害児の療育をおこない、午後は併設の入所施設の障害児・障害者の訓練などの援助をする。

❺ 夕方は、学童保育に所属する子どもたちの世話をおこなう。

❻ 入所している子どもと一緒に夕食をとり、コミュニケーションをする。

❼ 日中は、0歳から就学前の子どもの発達促進のために、さまざまな活動をおこなう。運動会などの行事の練習をすることもある。

❽ 保育内容の報告書には、派遣会社に提出するものと保護者に提出するものの2種類がある。

❾ 準夜勤の保育士は、入所している子どもの相談や面談をおこなう。

---

**答え** 問1 ❶児童館 ❷ベビーシッター ❸保育所 ❹児童発達支援センター ❺児童館 ❻児童養護施設 ❼保育所 ❽ベビーシッター ❾児童養護施設

## 問2　正しいものに○、間違っているものに×をつけなさい。

❶ 幼保連携型認定こども園の保育指針は、保育課程に示されている。

❷ 指導計画の「保育者の援助」は、「予想される子どもの活動」を踏まえて記入する。

❸ 年間計画には、1年間の保育の計画を4期に分けて記入する。

❹ 月案は、保育課程を参考にして作成する。

❺ 月案は、前月の子どもの様子を踏まえて計画する必要がある。

❻ 週案は、日曜日をスタートにして計画する。

❼ 前週に運動会があり、子どもが疲れている様子ならば、翌週の週案では活動を控えめにするべきである。

❽ 翌週の天候を天気予報で確認したところ、雨の多い1週間だった場合、屋外の活動を控えた週案を作成する。

❾ 日案の活動内容は、時系列で記入する。

❿ 日案で計画したことが、その日のうちに最後までできなかった場合、翌日以降に持ち越してはならない。

⓫ 週案や日案などで、天候に不安がある場合は、屋外と屋内の両方の活動予定を立てておく。

⓬ 保育計画は、どんな年齢の子どもにも通用するものを作成する。

**答え** 問2 ❶× ❷○ ❸○ ❹× ❺○ ❻× ❼○ ❽○ ❾○ ❿× ⓫○ ⓬×

**問3** 下の図は、指導計画を作成する流れを示している。カッコにあてはまる語句を枠内から選びなさい。

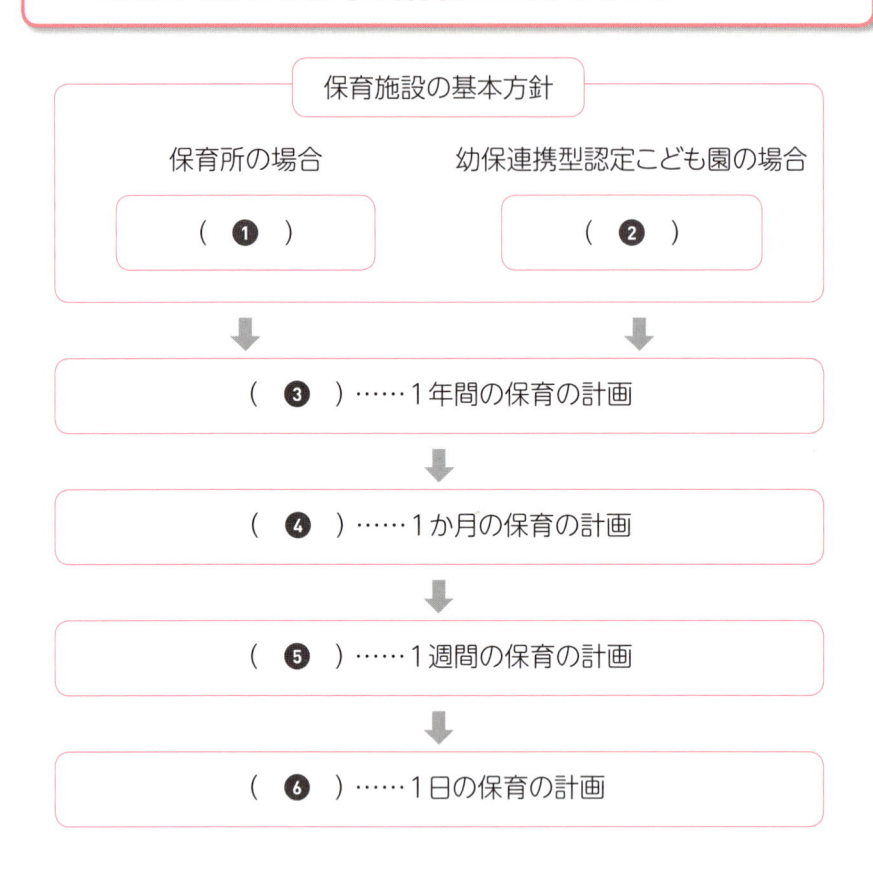

```
┌─────────────────────────────────────┐
│          保育施設の基本方針           │
│                                     │
│  保育所の場合      幼保連携型認定こども園の場合  │
│   ( ❶ )              ( ❷ )          │
└─────────────────────────────────────┘
                ↓
        ( ❸ ) ……1年間の保育の計画
                ↓
        ( ❹ ) ……1か月の保育の計画
                ↓
        ( ❺ ) ……1週間の保育の計画
                ↓
        ( ❻ ) ……1日の保育の計画
```

┌─────────────────────────────┐
│ 月案　年間計画　週案　　　　　　　　│
│ 教育課程その他の教育及び保育内容 │
│ 日案　保育課程 　　　　　　　　　│
└─────────────────────────────┘

**答え** 問3 ❶ 保育課程　❷ 教育課程その他の教育及び保育内容　❸ 年間計画　❹ 月案　❺ 週案　❻ 日案

## 問4 下の❶～❺の保育所での行事の分類にあてはまるものを、A～Eより選びなさい。

❶ お祝いとして実施する行事

❷ 保育を充実させる行事

❸ 日頃の成果を披露する行事

❹ 季節や伝統を踏まえた行事

❺ 保護者とかかわる行事

A：七夕
B：おゆうぎ会
C：親子遠足
D：入園式
E：避難訓練

## 問5 下は保育士とともに働く職業について説明した文章である。カッコにあてはまる職業名を答えなさい。

● 保育所などで給食を提供するのにかかわるのは、献立を考える栄養士・（ ❶ ）や、調理をする（ ❷ ）である。

● 認定こども園では、保育士は（ ❸ ）とともに勤務する。

● 保育士は児童相談所で、子どもの福祉全般にかかわる（ ❹ ）や、子どもの心理面の相談を受ける（ ❺ ）などともかかわることがある。

● 子どもの慢性的な疾患への対処が必要なときは、（ ❻ ）や看護師と連携して保育をおこなう。

---

**答え**
問4 ❶D ❷E ❸B ❹A ❺C
問5 ❶管理栄養士 ❷調理師 ❸幼稚園教諭 ❹児童福祉司 ❺児童心理司 ❻医師

# 保育士インタビュー④

**Q** 休日はどのように過ごしていますか?

**Jさん**
私は以前より腰痛を抱えているのですが、保育士になってからは子どもの抱っこなどで腰が痛むことが増えたので、休日には行きつけの整体院で、体のケアをしてもらうことが多いです。あと、整体院の先生からは、腰に負担をかけないで子どもを抱っこする方法を教えてもらい、保育現場でも実践しています。

**Kさん**
休みの日は屋外で過ごすことが多いです。夏はサーフィンやキャンプ、冬はスノーボード……とアウトドアを満喫すると、楽しいのはもちろん、ストレスの解消にもなるんです。特にキャンプでは、自然の中でリフレッシュできるだけでなく、保育所で子どもたちの工作の材料になる木の実や枯れ葉などを集められるので、一石二鳥です。

**Lさん**
ショッピングが大好きなので、休日はデパートやショッピングセンター巡りをしています。主に服やファッション用品をチェックするのですが、ついつい見てしまうのがベビー・キッズ用品の売り場です。そこで売られている子育てグッズには便利なものが多いので、保育に活かせるものはないかと探してしまうんですよ。

Chapter 4

覚えておきたい基礎知識その1
# 子どもの発達と保育士の役割

保育士は子どもの発達をうながしながら、1人ひとりの発達の様子をあせらずに見守る必要があります。この章では、8つに区分された子どもの発達過程を知り、保育士が発達にどのような役割を果たすかを学びましょう。

0歳から就学前までの子どもの発達の様子を確認してそれにかかわる保育士の責任と心構えを知り、保育士という仕事への理解をさらに深めましょう。

**Chapter4** 覚えておきたい基礎知識その1　子どもの発達と保育士の役割

# 乳幼児期の発達

- 0～6歳の乳幼児の発達区分を理解する
- 乳幼児の発達に、保育士はどのようにかかわるべきかを知る

## 発達を一連のものとしてとらえる

　保育士がかかわることの多いのが0～6歳の乳幼児で、その発達の段階は保育の基本原則を記した「保育所保育指針」（P.138）の中で「発達過程」として8つに区分されています。

　この区分の中では、あくまで一般的な発達例を示しており、その月齢・年齢のすべての子どもに同じ発達が見られるというわけではありません。また、発達は月齢・年齢で区切れるものではなく、一連の流れでとらえる必要があります（発達の連続性）。さらに、一部の発達は月齢・年齢相当だったとしても、他の発達がゆっくりである場合も考えられるため、保育士は子ども1人ひとりの発達の状況を把握し、長期的な視点で見守る必要があります。

### 乳幼児の発達・8つの区分

- おおむね6か月未満（→P.90）
- おおむね6か月～1歳3か月（→P.92）
- おおむね1歳3か月～2歳未満（→P.94）
- おおむね2歳（→P.96）
- おおむね3歳（→P.98）
- おおむね4歳（→P.100）
- おおむね5歳（→P.102）
- おおむね6歳（→P.104）

　すべての区分に「おおむね」とついているのは、子どもの発達には個人差があり、明確に月齢・年齢で分けられるものではないためです。

# 発達の特性と保育士の役割

「保育所保育指針」には乳幼児期の発達の特性として、次の6つが挙げられています。それぞれの点でどのような保育をすべきか考えておきましょう。

## 1 大人に守られ、愛されて信頼感が育つ

子どもが「守られている」「愛されている」と実感できる保育を心がけ、子どもと保育士との間に信頼感を生み出します。

## 2 周りの環境に、主体的にかかわって発達する

子どもがすこやかな心身の成長を遂げられるように、保育士は子どもを取り巻く環境を整え、成長の場を作ります。

## 3 子ども同士の関係の中で発達する

保育士が子どもとの間に信頼関係を築き、それを基盤にして、子どもたちは同年代の仲間と関係をつくることができます。

## 4 発達には個人差がある

乳幼児期は子どもによって心身の発達の差が大きいため、保育士は保護者とともに、あせらずに子どもを見守る必要があります。

## 5 遊びを通じて成長する

保育士は子どもの心身の発達を促進する遊びを提供して、子どもたちの関係を育み、さらには子ども個人の成長もうながします。

## 6 身体感覚でさまざまな感性を取得

子どもの感性や好奇心・探究心・思考力を養うために、運動や遊びで達成感や満足感を味わわせるのが保育士の役割です。

# Chapter4　覚えておきたい基礎知識その1　子どもの発達と保育士の役割

## 子どもの発達と保育①
## 6か月未満

- 6か月未満の子どもの発達の様子を確認する
- 保育士がおこなう保育のポイントをおさえる

### 外の世界に対応する時期

　出生からおおむね6か月までは、発達がもっともめざましい時期で、母体内から外の世界へと変化した環境に適応していく時期でもあります。

　生後2か月頃には首がすわり、目の前の動くものを目で追うようになります。さらに5～6か月には全身の動きが活発になり、寝返りや腹ばいなどの行動を見せます。空腹などの不快感やさまざまな欲求は主に泣いて表現しますが、次第に体の動きや表情でも表すようになります。また、「アーアー」などの意味のない言葉である喃語を発するようになったり、特定の大人への信頼感が生まれてくるのもこの時期です。

### 6か月未満の生理的機能

**身長**
60～67㎝

**体重**
6～8kg

#### 0～3か月
- 1日に16時間ほど眠る。
- 原始反射（生まれつきの反射）が活発。

#### 4～5か月
- 昼夜の区別がつき、夜に多く眠るようになる。

# 6か月未満の発達の様子

### からだ　首がすわることで手足の動きが活発になりものをつかもうとする行為が見られる

**0〜2か月**
- 原始反射で体を動かす。
- 追視（動くものを目で追う）をする。

**4〜6か月**
- 大人の援助のもとで寝返りができるようになる。
- 差し出されたものをつかもうとする。

**2〜3か月**
- 首がすわり始める。
- 腹ばいができるようになる。
- 手を舐めて確認する。

**Point**
外の世界に慣れるために、著しい発達が見られます。首のすわりや腹ばいなどの全身の動きはもちろん、視力や聴力なども増大します。

抱っこするときには、ただ抱き上げるのではなく「抱っこするね」などと声掛けをして、視線を合わせます。

### こころ　基本的な信頼関係が生まれる

- 不快感や不安感を泣いて伝える。
- 生後1か月までは、眠っているときに笑っているような表情を見せる「生理的微笑」をする。
- 2か月頃から、あやされた反応で笑う「社会的微笑」に変化する。

**Point**
子どもが泣いて訴えることに対して、大人が1対1の援助をおこなうことで、他者との基本的な信頼関係がめばえるようになります。

### ことば　喃語で欲求を訴え始める

- 「アー」「ウー」など、母音を主体とした喃語を話す。
- 首がすわると発声がはっきりし、「クー」「バー」などの子音を加えた喃語を発するようになる。
- あやされると、声を上げて笑うようになる。

**Point**
喃語で欲求を訴え、それに応える大人とのやりとりの中で言語の習得を始めます。笑わせることで、発声器官が鍛えられます。

**4 覚えておきたい基礎知識その1　子どもの発達と保育士の役割**

Chapter4　覚えておきたい基礎知識その1　子どもの発達と保育士の役割

# 子どもの発達と保育②
# 6か月〜1歳3か月

- 6か月〜1歳3か月の子どもの発達の様子を確認する
- 保育士がおこなう保育のポイントをおさえる

## 運動機能が顕著に発達

　おおむね6か月〜1歳3か月の子どもの運動機能は、数か月の間におすわりからハイハイ、つかまり立ち、つたい歩きへと劇的な発達を遂げます。栄養面においても、母乳やミルクよりも食事による栄養摂取を増やすために、6〜7か月からペースト状の離乳食を開始します。1歳近くには、大人の食事を子ども向けにアレンジした幼児食へと移行します。

　この時期の子どもは、大人が話す言葉への理解が高まり、自分の欲求を身ぶりや指差しで伝えるようになります。身近な人やものに強く興味を示し始めるものの、人見知りをする子どももいます。

## 6か月〜1歳3か月の生理的機能

**身長**
67〜75㎝

**体重**
8〜9kg

**6か月**
- 原始反射が消失する。

**7〜8か月**
- 乳歯が生え始める。

**9か月〜1歳3か月**
- 午睡が午前と午後の2回になる。

# 6か月～1歳3か月の発達の様子

## からだ　寝返りから歩行へと、運動機能が次々と発達し周りの人やものに触れて知的発達がうながされる

### 6～8か月
- 寝返りやおすわりができるようになる。
- おなかを床につけ、手で進む「ずりばい」が始まる。
- 離乳食を開始する。

### 9～11か月
- 手と膝を床につけた「四つばい」が始まる。
- 膝をのばした「高ばい」に移行すると、階段の移動もできるようになる。
- ひとり立ちをする。

### 1歳～1歳3か月
- つたい歩きをする。
- 歩行の開始。

> **Point**
> 寝返りから歩行へと運動機能が発達します。腕を自分の意思で動かし、興味のあるものへと近づいて触れることが、知的な発達を促進します。

ひとり立ちしているときに片手を支えてあげると、足を前に出そうとします。これが歩行につながる動きです。

## こころ　喜怒哀楽の区別がつくように

### 6～8か月
- 知っている人（もの）と知らない人（もの）の区別ができる。
- 人見知りをする場合もある。

### 9～11か月
- 他者の表情から、喜怒哀楽を読み取れるようになる。
- 要求のために指差しをする。

### 1歳～1歳3か月
- 自分の意思を通そうとする「自我」がめばえる。

## ことば　意味のある言葉を発し指示を理解する

### 6か月～1歳3か月
- 8～9か月には「ンマンマンマ」など、反復的音声を出す。
- 10～11か月には意味のある言葉を発するようになる。
- 1歳を過ぎると、「マンマ食べるよ」などの簡単な指示の意味を理解する。

> **Point**
> 大人から向けられた言葉を理解するようになる時期です。身ぶり手ぶりとともに、言葉を使って欲求を伝えようとし始めます。

4 覚えておきたい基礎知識その1　子どもの発達と保育士の役割

Chapter4　覚えておきたい基礎知識その1　子どもの発達と保育士の役割

# 子どもの発達と保育③
# 1歳3か月〜2歳未満

- 1歳3か月〜2歳未満の子どもの発達の様子を確認する
- 保育士がおこなう保育のポイントをおさえる

## 歩行開始で活動範囲が広がる

　1歳3か月〜2歳未満は歩けるようになって活動範囲が広がる時期です。脚力の安定と同時に指先の感覚も発達し、スプーンやフォークを使えるようになります。また、大人とのやりとりの中で多くの言葉を獲得し始め、片言ながらもはっきりと言葉を発するようになります。自分の欲求を「マンマ、ちょうだい」などの二語文で話し出すのもこの時期です。身近な人やものとかかわりをもつ時期に入り、同年代の子どもとおもちゃを取り合いすることもあります。遊びの中では、何かを身近なものに見立てて遊ぶ「見立て遊び」や積み木を始めます。

## 1歳3か月〜2歳未満の生理的機能

❁ **身長**
76〜80㎝

❁ **体重**
9.5〜10kg

- 脳の重量が出生時の約3倍になり、構造が成人に近づく。
- 第一乳臼歯（上下左右の奥歯）が生え、乳歯が12〜16本になる。

# 1歳3か月～2歳未満の発達の様子

## からだ　歩行の安定により歩くことへのよろこびが増え手先の発達でいろいろな運動が可能に

- 午睡が1回になる。
- 排尿間隔が2時間を超える。
- 歩き始めるようになり、次第に歩行が安定する。
- 段差のある場所で飛び降りる。
- スプーンやスコップを使い始める。
- 積み木を積んだり、並べたりする。
- 手すりを持って、階段を上り下りする。

**Point**
歩き始めると手先の発達も高まり、つかむ・つまむ・押すなどの動きができるようになることから、さらに新しい運動を獲得しようとする時期です。

お手本を示してお絵かきをさせると、クレヨンなどの描きやすい画材でぐるぐると丸を描く「円錯画（えんさくが）」をします。

## こころ　自我のめばえと同時に「かみつき」が出現

- 「～ではない、～だ」と、自分の欲求とは違うものを見分けるようになる。
- 自我がめばえ始めるものの、言葉で表すことができないため、他の子どもに「かみつき」をすることがある。
- 「～したい」「～が欲しい」という欲求が高まる。

**Point**
自我がめばえ始めますが、それを表現する言葉の発達が未熟であるため、他の子にかみついたり床にひっくり返るなどの行動を見せます。

## ことば　片言の言葉を使い欲求を表し始める

- 四足動物すべてを「ワンワン」と表現するなど、似た形のものを同じ言葉で表現する。
- 聞かれたものを指差して答える。
- 「～ちゃんの（もの）」「～くんも（やる）」など、自分の名前を使って欲求を表す。

**Point**
片言の言葉や指差し、身ぶりでさまざまな表現をします。「～ちゃん」「～くん」と自分の名前を出して、自己主張することが増えます。

覚えておきたい基礎知識その1　子どもの発達と保育士の役割　4

| Chapter4 | 覚えておきたい基礎知識その1　子どもの発達と保育士の役割 |

# 子どもの発達と保育④
# 2歳代

- 2歳代の子どもの発達の様子を確認する
- 保育士がおこなう保育のポイントをおさえる

## 言葉と自我のめざましい発達

　おおむね2歳は歩く、走る、飛ぶなどの基本的な運動機能が発達し、体が思うように動かせるようになる時期です。指先の感覚も大いに発達し、自分で着替えができるようになります。排泄の機能も整い始めるため、トイレトレーニングの開始時期でもあります。

　話す言葉の数が急激に増え、気持ちや欲求をはっきりとした言葉で示すようになります。「なんで？」とさまざまなことに疑問を持ち始める子や、自我がめばえ始めるために強い自己主張を見せる子もいます。大人のまねをして、ごっこ遊びを開始するのもこの時期です。

### 2歳代の生理的機能

- 身長
85〜95㎝

- 体重
12〜13kg

- 20本の乳歯が生えそろう。
- 心臓、肺、胃、腸などの内臓の組織・機能が成熟し始める。

# 2歳代の発達の様子

## からだ 基本的な運動機能と手先の発達が進み排泄の自立への第一歩を踏み出す

- 走る途中で速度を加減したり、止まったりできる。
- 水の中を歩いたり、大きな溝をまたぐなど、負荷や障害を乗り越える動きができる。
- 三輪車にまたがり、地面を足で蹴って進む。
- 排泄の予告ができるようになり、おむつからパンツへと移行する。
- スプーンの柄のえんぴつ持ちができるようになる。

> **Point**
> 基本的な運動機能の発達が進み、排泄の自立に向けての機能も整い始めます。手先の発達も進み、スプーンを使ってスムーズに食事ができます。

片足を軸にして、階段を1段ずつ上っていたのが、左右の足を交互に出して素早く上れるようになります。

## こころ 「自我の拡大」から「自我の充実」へ

- 気に入ったものを独り占めするなど、自分が所有する領域を増やす「自我の拡大」が見られる。
- 2歳代後半には、余っているものを他者に配るなど、自我を満たしたうえで他者を認める「自我の充実」が表れる。

> **Point**
> 自分の領域や取り分を増やすことを覚え、それが他者に認められると、他者の領域や取り分も認めようとする過程が見られる時期です。

## ことば 二語文を話し、「なんで？」が増える時期

- 「ワンワン、いた」などの二語文をたくさん話し始める。
- 「大きい・小さい」など、対になる言葉の意味を認識できる。
- 大人に「なんで？」と問いかけることが増える。
- 名前や性別、年齢などを自分で話す。

> **Point**
> 語彙が急速に増え、言葉で認識できたことに対しての興味が高まります。そのため、どんなことにも「なんで？」と尋ね始めます。

4 覚えておきたい基礎知識その1 子どもの発達と保育士の役割

Chapter4　覚えておきたい基礎知識その1　子どもの発達と保育士の役割

# 子どもの発達と保育⑤ 3歳代

- 3歳代の子どもの発達の様子を確認する
- 保育士がおこなう保育のポイントをおさえる

## 自立をめざし、他者を受け入れる

　心身ともに基本的な能力が身につき、大人に依存せず、自立しようとするのがおおむね3歳です。反抗期と呼ばれるほど自己主張が強くなる時期でもありますが、他者を受け入れる気持ちも同時にめばえているので、お手伝いをしたり、友達とかかわることも増えます。

　チャレンジ精神が旺盛で自信に溢れている時期で、ハサミなどの取り扱いに注意が必要な道具を使い始めます。また、数の概念も理解しはじめ、「みっつちょうだい」という問いかけに、「みっつ＝3個」という理解をして、適切な数のものを渡すことができるようになります。

### 3歳代の生理的機能

❀ 身長
93〜100㎝

❀ 体重
13.5〜16kg

- 脳の重量が成人の約80％までになる。
- 臓器の中心器官（心臓、肺など）が大きくなり、機能が増える。
- 成長ホルモンの分泌が増えて、働きも強くなる。

# 3歳代の発達の様子

### からだ 「歩く」「走る」などの基本的な運動機能が発達し「～しながら～する」運動が可能になる

- 走りながら方向を変える。
- 平衡感覚が発達し、平均台を渡ることができる。
- ケンケン（片足跳び）や後ろ歩きができる。
- 三輪車に乗れる。
- 衣服のボタンのかけ外しができるようになる。
- 紙一面に丸をたくさん描く「丸のファンファーレ」と呼ばれる描写をする。

**Point**
体の動きが滑らかになり、三輪車でハンドル操作しながらペダルを漕ぐといった別々の動作を同時におこなう「～しながら～する」運動にチャレンジし始めます。

ケンケンも片足を上げながら、もう一方の足で跳ねる「～しながら～する」運動。3歳の後半にはその連続が可能になります。

### こころ 自我とチャレンジ精神が目覚める

- 大人の手助けを拒否して、自分でやり遂げようとする。
- 好きな友達と遊ぶようになる。
- ルールがある遊びができるようになる。
- チャレンジ精神が旺盛になる。

**Point**
自我がはっきりし始め、大人の援助を嫌がるようになります。また、友達とのかかわりが増え、友達とさまざまな遊びにチャレンジします。

### ことば 一人称を使って気持ちを伝えられる

- 「ぼく」「わたし」などの一人称を使う。
- 相手のことを「あんた」「おまえ」と呼ぶようになる。
- 「じぶんで」「ひとりで」と自己主張をする。
- 経験を言葉で伝えるようになる。
- あいさつを自分からする。

**Point**
言葉の表現が豊かになり始め、言葉を話す楽しさが出てくる時期です。一人称と二人称を使い分けて、主張や経験したことを短い文で伝えます。

覚えておきたい基礎知識その1　子どもの発達と保育士の役割

Chapter4　覚えておきたい基礎知識その1　子どもの発達と保育士の役割

# 子どもの発達と保育⑥
# 4歳代

- 4歳代の子どもの発達の様子を確認する
- 保育士がおこなう保育のポイントをおさえる

## 仲間の中で社会性を身につける

　バランス能力が発達し活発に体を動かし始めるのが、おおむね4歳です。自分から率先して他者とかかわりをもとうとしたり、決まりを守ろうとするなど、社会性を身につけ始める時期でもあります。

　想像力が豊かになり、人の気持ちがわかるようになるので、さまざまな創作に取り組んだり人間関係を築こうとしますが、その結果を予測して不安になることも増えます。また、友達との関係も密接になりますが、その一方でけんかなどのトラブルも増えてきます。複雑な感情が生み出される中で、がまんや譲り合いを学んでいきます。

### 4歳代の生理的機能

❀ **身長**
100〜108cm

❀ **体重**
15.5〜18kg

- 利き手が決まりはじめる。
- 視力が1.0ほどになる。
- 聴力が青年期と同じレベルになる。

# 4歳代の発達の様子

**からだ** 体のコントロールが上達して活発な遊びを好み
排泄・衣服の着脱などの生活習慣が自立する

- 全身のバランス能力が発達する。
- 自分で排泄ができるようになり、おもらしをしなくなる。
- 箸で食事をするようになる。
- 1人で衣服の着脱ができる。
- なわとびやボール蹴りをする。
- 片手で箱を固定して、もう一方の手でのりづけするなど、両手の機能分化が進む。
- 絵を描くとき、モデルを見ながらえんぴつを動かすことができる。

**Point**
体の動きが巧みになり、活発に体を動かす遊びを好むようになります。なわとびやボールなどの道具を使った運動にもチャレンジし始めます。

ぞうきんを床につけて前に進む「ぞうきんがけ」は、室内での運動代わりになり、掃除のお手伝いを始めるきっかけにもなります。

**こころ** 自己主張はするものの
他者への思いやりも

- 得意なことを褒められるとよろこぶ。
- 「～だから」と理由を示して自己主張する。
- 年下の子どもに思いやりを見せる。
- 自制心がはっきりし始め、「本当は自分のおもちゃだけれども、友達に貸す」といった、「～だけれども～する」行為をするようになる。

**Point**
自己主張や自尊心が強い時期ですが、自分で遊んでいたいおもちゃを友達に貸すなど、自制心や思いやりが生まれます。

**ことば** 言葉遣いが上達し
汚い言葉を発することも

- 時系列で出来事を話せるようになる。
- 「～だから」「だけど～」など、接続語を使って話す。
- 汚い言葉（「バカ」「ウンチ」など）を好んで使う。
- 言葉で自分の行動を制限する（「私は～しないんだから」など）。

**Point**
接続語を用いて話すなど、言葉遣いが巧みになります。言葉を発する楽しさゆえに、汚い言葉を使うこともあります。

覚えておきたい基礎知識その1　子どもの発達と保育士の役割

**Chapter4** 覚えておきたい基礎知識その1　子どもの発達と保育士の役割

# 子どもの発達と保育⑦ 5歳代

- 5歳代の子どもの発達の様子を確認する
- 保育士がおこなう保育のポイントをおさえる

## 集団での行動が増える

　おおむね5歳になると、基本的な生活習慣を習得し、身の回りのことのほとんどを自分でできるようになります。心肺機能や運動能力はますます成長を見せ、活発な遊びや複雑な体の動きができるようになります。

　自分なりに物事の良し悪しを考え、判断できるようにもなります。同じ目的や興味をもつ友達と集団で行動できるようになり、友達同士のつながりも強くなります。子どもたちだけでルールをつくって遊んだり、けんかを仲間内で解決しようとします。また、誰かの役に立つことをよろこびに感じるなど、社会の一員としての自覚がめばえ始めます。

### 5歳代の生理的機能

❀ **身長**
108～115㎝

❀ **体重**
16.5～19.5㎏

- 経験や学習で、情報処理をおこなう神経細胞（ニューロン）の回路網がつくられる。
- 前頭葉の前頭前野で、ニューロンと神経細胞同士のつながり（シナプス）の量がピークに達する。

# 5歳代の発達の様子

## からだ　すべての生活習慣において自立　体を手で支えられることで、複雑な運動が可能になる

- 基本的な生活習慣を習得。
- 自転車に乗れるようになる。
- 跳び箱などの「踏みきり→空中での体の制御→着地」といった3つの動作を組み合わせた運動が可能になる。
- 木や棒の上り下りが自力でできるようになる。
- 鉄棒で、前回りや逆上がりに挑戦するようになる。
- 縦と横に加えて斜めの線が描けることで、三角形が描けるようになる。

**Point**
生活習慣のすべてを自分でできるようになり、動きはますます活発になります。体を手の力で支えられるようになり、跳び箱や木登りが可能になります。

5歳代の後半には、全身のバランスが取れ、片足立ちやつま先立ちなどの不安定な状態でも止まっていられるようになります。

## こころ　仲間意識が育ちできることが増える

- 仲間で遊ぶようになる。
- 子どもたちだけでルールをつくって遊ぶ。
- 左右がわかる。
- できないことを「〜したらできる」と考えられるようになる。

**Point**
仲間意識がめばえ始める時期です。「できる・できない」と二分的に評価していたことを、「〜すればできる」と考えられるようになります。

## ことば　書き言葉の基礎となる話し方を習得

- じゃんけんができる。
- 将来なりたいものを話す。
- 尋ねられたことに対し、「えっとね」と言いながら、文脈をつくって説明する。
- 大きさなどが異なる2つのものを見せて、「どっちが大きい？」と聞くと、正しいものを選ぶことができる。

**Point**
社会や友達との共通認識を意識して、言葉を発するようになります。文脈に沿って話すようになり、それが書き言葉の基礎となります。

4　覚えておきたい基礎知識その1　子どもの発達と保育士の役割

Chapter4　覚えておきたい基礎知識その1　子どもの発達と保育士の役割

# 子どもの発達と保育⑧
# 6歳代

- 6歳代の子どもの発達の様子を確認する
- 保育士がおこなう保育のポイントをおさえる

## 思考力や認識力が成長する

　これまでの体験によって自信が生まれ、心身ともに活発になる時期です。自分勝手な行動は控えて、相手の気持ちを大切にするようになり、仲間内で秘密をもったりもします。思考力や認識力もしっかりと育まれる時期で、社会や自然の現象に対する興味が増えます。全身の動きが滑らかになり、複雑な運動や遊びを好んでするようになります。読み書きや計算への関心も強まり、手紙を書いたり、絵本やポスターなどの文字を読もうとします。

　また、この時期には、乳歯が抜け落ちて永久歯が生え始めるため、歯みがきの習慣を身につける必要があります。

### 6歳代の生理的機能

**身長**
115〜122cm

**体重**
19.5〜21.5kg

- 6等身になる。
- 脳の重量が、成人の約90%に達する。
- 乳歯が抜け、永久歯が生え始める。
- 視力が成人に近くなる。

# 6歳代の発達の様子

### からだ 大きな運動から細かい作業まで全身で活動でき意欲と達成感に溢れる

- 「気をつけ」や正座などの正姿勢がとれるようになる。
- 走ることを基本にして、片足跳びや跳躍をおこなう。
- 連続したスキップや側転などができるようになる。
- えんぴつやハサミなどを、3本の指で支えて扱える。
- 編み物などの手先を使った細かい作業ができる。
- 斜めの線を4つ組み合わせて、ひし形を描くことができる。
- 固結びやちょう結びができるようになる。

#### Point
手先にまで発達が及び、大きな運動から細やかな作業までをこなすようになります。全身を使って快活に遊びまわり、意欲が旺盛になる時期です。

鉄棒で逆上がりやしり上がり、足抜き回りなど、さまざまな技にチャレンジし、達成感を得ることが多いです。

### こころ 社会への興味と相手の気持ちをつかむ力

- 「電車の中では騒がない」など、社会的なルールを理解し始める。
- 勝ち負けのあるゲームを楽しめる。
- 集団の中での役割を理解し、役割の交代ができる。
- 相手のミスを許せるようになる。

#### Point
自立心が一層高まり、興味の対象が子ども同士だけでなく、周りの大人や地域社会へと広がります。相手の気持ちへの理解も深まります。

### ことば 読み・書き・計算への関心 理屈っぽさが出ることも

- 読み・書き・計算への興味が高まる。
- 絵本や看板など、身近な文字への関心が増える。
- 言葉が考えることの手段になり始める。
- 離れた場所にいる人に手紙を書く。

#### Point
就学前に読み・書き・計算への興味が一気に高まります。多くの言葉を用いて考えを述べるようになるため、理屈っぽくなることもあります。

4 覚えておきたい基礎知識その1 子どもの発達と保育士の役割

## 子どもの発達と保育士の役割 理解度チェック問題

**問1** 正しいものに○、間違っているものに×をつけなさい。

❶ 0～6歳児の発達段階は「保育所保育指針」の中で、「発達過程」として7つに分類されている。

❷ 発達を月齢・年齢で区切らず、一連の流れとしてとらえることを発達の連続性という。

❸ 乳児の首がすわり始めるのは、2～3か月の頃である。

❹ 6～8か月の子どもに見られる運動であるずりばいは、おなかを床につけて手で進む動作である。

❺ 人見知りは、子どもにとってよい反応とはいえない。

❻ 1歳頃から、午睡が1回になる。

❼ 二語文とは、「ワンワン、いた」などの、2つの言葉を組み合わせた話し言葉のことである。

❽ 3歳代には、「～しながら～する」という異なる2つの行動を同時にできるようになる。

❾ 4歳代では、まだ1人で衣服の着脱ができない。

❿ お絵かきで三角形が描けるようになるのは、6歳代に入ってからである。

---

**答え** 問1 ❶× ❷○ ❸○ ❹○ ❺× ❻× ❼○ ❽○ ❾× ❿×

**問2** 下の❶〜❹は、おおむね6か月未満の子どもに見られる反応を説明した文章である。説明の内容にあてはまる語句を答えなさい。

❶ まだ言葉を話せない段階の子どもが発する、「ウー」「バー」などの意味のない言葉のこと。

❷ 0〜2か月に見られる、乳児が生まれつきできる反射反応のこと。

❸ 生後1か月までの、眠っているときに笑っているような表情を見せること。

❹ ❸とは対照的に、2か月頃からはあやされた反応で笑うようになること。

**問3** 子どもが1人で歩行し始めるまでの段階で、あてはまるものを枠の中から選びなさい。

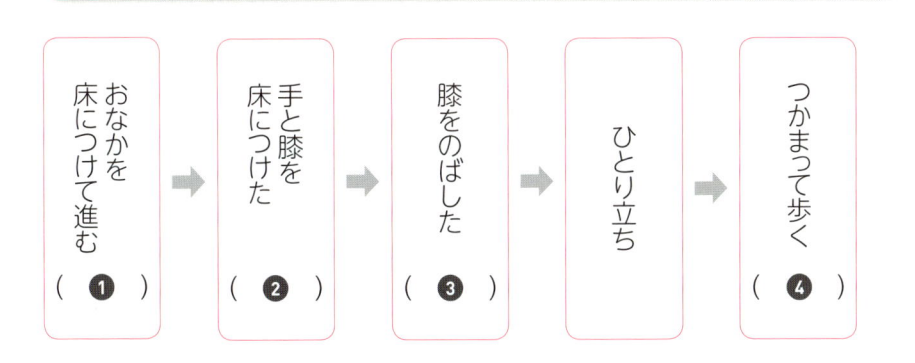

おなかを床につけて進む（ ❶ ）→ 手と膝を床につけた（ ❷ ）→ 膝をのばした（ ❸ ）→ ひとり立ち → つかまって歩く（ ❹ ）

高ばい　ずりばい　つたい歩き　四つばい

**答え**
問2 ❶喃語　❷原始反射　❸生理的微笑　❹社会的微笑
問3 ❶ずりばい　❷四つばい　❸高ばい　❹つたい歩き

4 覚えておきたい基礎知識その1　子どもの発達と保育士の役割

**問4** 下の❶～❹は、3歳代、4歳代、5歳代、6歳代の子どもの、お絵かきの描写についての説明である。どの年齢のことか答えなさい。

❶ モデルを見ながら、鉛筆を動かして絵を描くことができる。

❷ 紙一面に丸をたくさん描く「丸のファンファーレ」という表現をする。

❸ 斜めの線が描けるようになったことで、三角形の描写ができるようになる。

❹ 斜めの線を4つ組み合わせて描くことで、ひし形を描写できるようになる。

**問5** ❶と❷の運動にあてはまるものをA～Dから選び、線でつなぎなさい。

❶ 2つの動作を組み合わせた運動

❷ 3つの動作を組み合わせた運動

A：跳び箱を跳ぶ

B：ケンケン（片足跳び）

C：後ろ歩き

D：鉄棒の前回りや逆上がり

**答え**
問4 ❶4歳代 ❷3歳代 ❸5歳代 ❹6歳代
問5 ❶B、C ❷A、D

## 問6 下の❶〜❹は、子どもの心の発達について説明した文章である。カッコ内で正しいほうを選びなさい。

❶ おおむね3歳には、{ ルールのある・1人 } 遊びができるようになる。

❷ おおむね4歳には、{「〜だから」・「〜しない」} と理由をつけて自己主張するようになる。

❸ おおむね5歳には、できないことに対して {「やりたくない」・「〜したらできる」} と考えるようになる。

❹ おおむね6歳には、{ 遊びのルール・社会的なルール } を理解し始める。

## 問7 下の文章は、子どもの言葉の発達を説明したものである。カッコにあてはまる語句を答えなさい。

● おおむね2歳には、「マンマ、食べる」などの（ ❶ ）を話すようになる。

●「ぼく」「わたし」などの（ ❷ ）を使うようになるのは、おおむね3歳の頃である。

● おおむね4歳には「バカ」などの（ ❸ ）言葉を好んで使うようになる。

●（ ❹ ）・書き・（ ❺ ）への興味が出るのは、おおむね6歳の頃である。

● 5歳代になると、聞かれたことに対して「えっとね」と言いながら、（ ❻ ）をつくって話ができるようになる。

---

**答え**
問6 ❶ルールのある ❷「〜だから」 ❸「〜したらできる」 ❹社会的なルール
問7 ❶二語文 ❷一人称 ❸汚い ❹読み ❺計算（❹・❺は順不同） ❻文脈

## Column 5

# 保育士インタビュー⑤

> **Q** いずれはどのような保育の仕事をしたいですか?

**Mさん**
私は児童福祉に深くかかわりたいと考え、ある自治体の採用試験を受験し、合格しました。現在は公立保育所に勤務していますが、いずれは他の児童福祉施設にも勤務して、子どもや保護者が抱える問題に真剣に取り組みたいと思っています。社会の基盤である福祉にかかわることは大変なことが多いですが、やりがいをもってがんばりたいです。

**Nさん**
今は私立保育所に勤務していますが、いずれはベビーシッターとして働いてみたいと考えています。1対1できめ細やかな保育をすることで、子どもとの強い絆づくりをめざしてみたいです。また、私は留学経験があって英語が得意ですし、英語の塾講師の経験もあるので、英語教育を加えた保育にもチャレンジしてみたいです。

**Oさん**
ここ最近、保護者の勤務形態が多様化しているので、現在のような日中8時間だけの保育では保護者の要望に応えられないことが多いんです。なので、早朝保育や深夜保育、休日保育、病児保育など、さまざまな保育のニーズに応えられるような保育施設を自分で運営して、働く保護者を力強くバックアップしたいと考えています。

Chapter 5

覚えておきたい基礎知識その2
# 保育の内容

保育士が保育所で働く場合、基本的な生活習慣やマナー、言葉、人間関係などを子どもに指導し、手助けする必要があります。この章では、どの年齢でどのような指導をするべきかといった、保育所での保育の具体的な内容について把握しましょう。

保育士は子どもの自立を目的とした保育を実施します。その内容を知り、あなたが保育士になったときにどのような保育ができるかを考えてみましょう。

Chapter5　覚えておきたい基礎知識その2　保育の内容

# 保育の内容①
# 排泄

- 排泄にかかわる指導内容を知る
- 子どもの発達による、排泄にかかわる保育の変化を理解する

## 生理的な排泄だけでなく、マナーも指導

　0歳児の保育では、その子の排泄間隔に合わせておむつの状態を確認し、濡れていたら交換します。おむつの濡れによる快・不快がわかるようになることがおむつ外しの第一歩で、1歳を過ぎた頃からおまるによるトイレトレーニングを開始します。

　トイレに行きたいことをはっきりと伝えられる時期を見計らって、おむつからパンツへと移行し、モジモジするなどの排尿のサインを見逃さずにトイレに連れて行きます。その後は、排泄をしたくなったら子どもが自らトイレに行き、汚さずに排泄を終えられるように指導します。4歳頃には、「食事の前にはトイレに行く」といった見通しをもった排泄が可能になり、5～6歳にはトイレの履き物を揃えるなどのマナーを身につけていきます。

### 排泄における発達の流れ

**0歳**　おむつが濡れると、気持ち悪さを訴える。

**1～2歳**　おまるやパンツでトイレトレーニングを開始。

**3歳**　尿意を感じたら自分でトイレに行き、排泄する。

**4歳**　見通しをもって排泄する。トイレを汚さないように気をつける。

**5～6歳**　ノックやスリッパの整頓など、トイレのマナーを身につける。

# 排泄における保育のポイント

## おむつ交換（0歳）

「おむつ替えるね」

おむつ交換は「おむつ替えようね」などの声掛けや、おなかのマッサージをして、子どもの気持ちを落ち着かせておこないます。

## おまるに座らせる（1歳）

トイレトレーニングの第一歩です。明るい場所に設置するなど、子どもが率先して座りたくなる環境づくりをしましょう。

## パンツへ移行（2〜3歳）

排尿間隔が開き、「おしっこ」と訴えられるようになったら、パンツに移行します。排尿しそうなタイミングでトイレに誘います。

## 漏らしたときの対処（2〜3歳）

「今度はちゃんとトイレに行こうね」とやさしく声掛けをします。おもらしが他の子に知られないようにして、自尊心を守ります。

## 自分からトイレに行く（4歳）

トイレットペーパーの使い方や拭き方などを指導します。昼食前などのタイミングで、自分からトイレに行く習慣をつけます。

## トイレのマナー（5〜6歳）

「ちゃんとそろえてね」

スリッパを揃えることや、ドアのノックなどのトイレマナーのほか、トイレを汚したときは、必ず報告するように指導します。

5 覚えておきたい基礎知識その2　保育の内容

**Chapter5** 覚えておきたい基礎知識その2　保育の内容

# 保育の内容②
# 食事

- 食事にかかわる指導内容を知る
- 子どもの発達による、食事にかかわる保育の変化を理解する

## 食事にかかわるすべての発達をサポート

　子どもにとっての食事は、乳児の頃は母乳やミルクの授乳から始まり、やわらかい離乳食へと移行したのちに、大人用の食事を子ども向けの味付け、量にアレンジした幼児食へと切りかえます。**それぞれの移行のスピードは、噛む・舐める・飲み込むなどの摂食機能や、便の様子で確認できる消化機能の発達に合わせてゆっくりと進めます。**

　食べる方法も、最初は手づかみから始め、スプーンやフォーク、そして箸へと順を追って使い方を指導します。また、「いただきます」「ごちそうさま」などのあいさつの指導も欠かせません。最近では保育所で、食に対する正しい知識と関心がもてるように「食育」（→P.150）を実施し、旬の食材や伝統食を給食に取り入れています。

### 食事における発達の流れ

| 0歳 | 1～2歳 | 2歳 | 3歳 | 4歳～ |
|---|---|---|---|---|
| 母乳やミルクを与え、歯が生え始めた頃から離乳食をスタート。 | 自分でイスに座り、手づかみで食事をする意欲が出てくる。 | 手指の感覚が発達し、スプーンで食事をするようになる。 | 箸を使えるようになり、食事によってスプーンと使い分ける。 | 「いただきます」「ごちそうさま」を自分から言えるようになる。 |

## 食事における保育のポイント

### ミルクの与え方（0歳）

子どもと目を合わせて、「ミルク飲もうね」などと話しかけて授乳します。終わったら、背中をさすって排気（げっぷ）を出します。

### 離乳食の進め方（3か月～1歳）

3か月頃から湯冷ましなどをスプーンで与え、6か月にはゆるいペースト状のもの、7～8か月には柔らかい固形物を与えます。

### 好き嫌いへの対処（2～6歳）

無理強いせずに、少しでも食べたら褒めるようにします。また、嫌いな理由を探って、その子が食べやすい状態で食事を与えます。

### スプーンとフォークを使う（2歳）

保育士が持ち方のお手本を示します。柄を丸ごと握る「上握り・下握り」から、柄の部分をえんぴつ握りできるように指導します。

### 箸を使う（3～4歳）

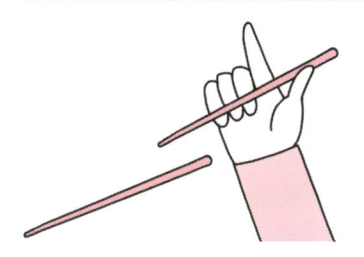

1本持ちから始め、2本を同時に持てるように指導します。正しい持ち方はもちろん、箸使いのマナーについても教えます。

### 食育（5～6歳）

バランスよく食べることの大切さや、野菜ができる過程などを教えることで、食材への関心を高めます。

5　覚えておきたい基礎知識その2　保育の内容

Chapter5　覚えておきたい基礎知識その2　保育の内容

# 保育の内容③
# 睡眠

- 睡眠にかかわる指導内容を知る
- 子どもの発達による、睡眠にかかわる保育の変化を理解する

## 午前睡・午睡の管理と調整

　乳児の時期には、覚醒と睡眠を短時間のうちにくり返し、昼夜関係なく1日に10数時間眠りますが、次第に昼と夜の区別がつくようになり、夜に多く眠るようになります。6か月頃からは、分泌が増える成長ホルモンの影響で熟睡できるようになり、日中の睡眠が午前と午後の2回にまとまります。1歳の後半に午前睡・午睡がそれぞれ1～2時間になると、夜に長時間眠るようになり、3歳頃には一晩中眠れるようになります。5歳を過ぎると午睡をしない子が増え、夜尿もしなくなります。

　保育士は、主に日中の子どもの保育をおこなうことが多いため、子どもの午前睡（午前中の睡眠）や午睡（午後の昼寝）の時間の管理や、快適な睡眠環境の準備で、子どもの睡眠にかかわります。

### 睡眠における発達の流れ

| 0歳 | 1歳 | 2歳 | 3歳 | 4歳～ |
|---|---|---|---|---|
| 6か月頃までは睡眠と覚醒の区別がない。 | 午前睡と午睡が必要。歩行を開始すると熟睡するようになる。 | 午睡はまだするが、朝に決まった時間に起きるようになる。 | 一晩中ずっと眠っていられるようになる。 | 午睡をしなくなり、自主的に「おやすみ」「おはよう」が言える。 |

# 睡眠における保育のポイント

## SIDS（乳幼児突然死症候群）（0歳）

乳児が睡眠中に亡くなる病気です。うつぶせ寝を避け、睡眠状態をこまめに確認するなど、徹底した防止策が必要です。

## 入眠儀式（1〜2歳）

寝る前に着替えたりトイレに行くなど、睡眠前の一連の流れをつくり、無理なく睡眠に入る習慣をつけます。

## 午前睡と午睡（1〜4歳）

年齢に合わせて、午前睡や午睡を取り入れます。夜泣きや夜の寝つきの悪さがある場合は、午睡の時間を短くします。

## 5歳以降の午睡（5〜6歳）

5歳を過ぎると午睡をしない子が増えますが、精神的な疲れを解消するために午睡を必要とする子もいます。

## 生活のリズム（3〜6歳）

夜にぐっすりと眠る生活リズムをつくるために、目覚めている間に遊びや屋外の活動などでしっかりと体を動かします。

## 早寝早起き（4〜6歳）

保護者に協力してもらい、決まった時間に眠る習慣づけをします。また、早寝早起きの大切さを子どもに伝えます。

# Chapter5　覚えておきたい基礎知識その2　保育の内容

## 保育の内容④ 衣服の着脱

- 衣服の着脱にかかわる指導内容を知る
- 子どもの発達による、衣服の着脱の保育の変化を理解する

### 自分で衣服を調整できる力を育てる

　子どもは言葉を話せない頃から、「暑い」「寒い」「濡れている」など、衣服に不快感があると泣いて訴えます。それに応じて保育士が着替えさせることから始め、やがて自分で着替えて、体温調節や不快感の除去ができるように指導をおこないます。

　子ども自身で衣服の着脱ができるようにするには、ボタンがない着脱しやすい衣服を選ぶことが大切です。4歳代に入ったら、指先の発達状態を見て、ボタンのかけ外しの練習をします。5歳代にはひも結びの練習も開始します。これらの指導の際には、それぞれの動作を細分化して、できることを少しずつ増やすことで子どもに達成感を味わわせます。また、家庭でも子どもの自主的な衣服の着脱をうながすように、保護者に協力を求めます。

### 衣服の着脱における発達の流れ

**0歳**　衣服の不快感を泣いて伝え、取り替えてもらう。

**1～2歳**　保育者の援助のもと着脱し、次第に自分でできるようになる。

**3歳**　自分で服の表と裏、前と後ろに注意して着られるようになる。

**4歳**　ボタンが留められるようになる。

**5歳～**　ひも結びや衣服をたたむことができるようになる。

## 衣服の着脱における保育のポイント

### 着替えへの興味（1歳）

子どもに自分で衣服を選ばせたり、衣類から顔を出すときに「いないないばあ」を取り入れ、着替えに興味をもたせます。

### 靴の着脱（2歳）

ひものない靴を選び、かかと部分にひもをつけて、つま先を入れてから、ひもを引っ張ってかかとを入れるように指導します。

### 衣服の調整（3歳）

季節や活動に合わせた衣服を選ぶように指導します。衣服には汗を吸い取る機能もあり、汚れたら着替えることも伝えます。

### ボタンのかけ外し（4歳）

円形のボタンを、まっすぐなボタン穴に入れる感覚を教えます。難しいと感じている子どもには、鏡に向かわせて指導します。

### 衣服のたたみ方（5歳）

平らな場所で衣服を広げて、たたみ方の基礎を教えます。裏返しになっている衣服は、必ず表にしてたたむように指導します。

### ひも結び（5～6歳）

固結びから始めて、ちょう結びへと導きます。左右の色が違うひもを用意して、見本を示しながら教えるとスムーズです。

5 覚えておきたい基礎知識その2　保育の内容

Chapter5　覚えておきたい基礎知識その2　保育の内容

# 保育の内容⑤ 清潔

- 清潔にかかわる指導内容を知る
- 子どもの発達による、清潔にまつわる保育の変化を理解する

## 清潔が心地よいことを理解させる

　清潔であることは、身だしなみの問題ばかりでなく、病気の予防につながり、健康に生活するためには欠かせないものであることを子どもたちに伝える必要があります。そのために保育士は、日常で清潔さを保つための習慣を指導します。

　保育の中で、こまめなうがいや手洗い、食後の歯みがきなどで、清潔の心地よさを子どもたちに味わわせます。そのためには、不潔な状態が不快であることを体験させることも必要です。おむつの濡れや、砂遊びなどで衣服や体が汚れてしまうことから「気持ち悪い」という感覚を把握させて、体や衣服を清潔にすることが「気持ちよい」と思えるようにすることで、子どもが自ら清潔にするための行動を実行できるようにします。

### 清潔にかかわる発達の流れ

| 0歳 | 1～2歳 | 3歳 | 4歳 | 5歳～ |
|---|---|---|---|---|
| おむつや肌着の濡れなどの「不潔」で、不快感を覚える。 | 汗や泥などで汚れた体や衣服を、保育士の援助で清潔にする。 | 帰宅後や食事の前に手を洗い、鼻を自分でかめるようになる。 | 歯みがきや着替えを自分から率先しておこなう。 | 掃除や片づけなど、身の回りの清潔にも気づかうようになる。 |

## 清潔における保育のポイント

### 清潔の心地よさ（2か月〜）

沐浴や清拭（濡れたタオルなどで体をふくこと）で全身を清潔にして、それが心地よいことを体感させます。

### 手洗い（1歳〜）

袖をまくり、石鹸を泡立てて丁寧に洗うことを教えます。泡を流し終えたら、自分のタオルで手を拭くように指導します。

### うがい（1歳〜）

「ガラガラと音を立ててね」

水を飲まずに喉にとどめる指導から、頬を膨らませる「ブクブクうがい」、喉で音を立てる「ガラガラうがい」へと導きます。

### 歯みがき（3歳）

歯ブラシをえんぴつ持ちにして、3分以上磨く指導をします。仕上げ磨きをする場合、磨き残しの多い裏面や歯間を磨きます。

### 鼻をかむ（2〜3歳）

「鼻水が出てるよ」

鼻から息を出すことを意識させるのが第一歩。嫌がる子には、鼻水が出ているのを鏡で見せて「きれいにしよう」と指導します。

### 掃除・片づけ（4〜6歳）

「積み木を入れてね」

食事の前など、きっかけをつくって掃除や片づけの習慣をつけます。班に分けて役割分担を与えて、すみやかに行動させます。

5 覚えておきたい基礎知識その2　保育の内容

Chapter5　覚えておきたい基礎知識その2　保育の内容

# 保育の内容⑥ 運動機能

- 運動機能にかかわる指導内容を知る
- 子どもの発達による、運動機能にまつわる保育の変化を理解する

## 全身を動かすものから、手先の機能まで

　運動機能は、寝返り、ハイハイ、歩行といった体の発達に従って現れるものや、大人の指導のもとでできるようになる遊びや体育、そして手先を動かす機能のすべてを含んでいます。

　**運動の発達は躯幹（胴体）の中央部分から、手足の末梢部分へと進みます。動きも体の大きな筋肉を動かして空間を移動するような「粗大運動」から、腕と手を細やかに使う「微細運動」へと発達するのです。**

　いずれの運動も自然と発達しますが、保育士が手助けをおこなうことで、より早期にストレスを感じることなくできるようになります。体が自由に動かせることが子どもの自尊心や自立心を育てることだと考え、運動機能の発達のサポートをしましょう。

### 運動機能における発達の流れ

| 0歳 | 1歳 | 2歳 | 3〜4歳 | 5歳〜 |
|---|---|---|---|---|
| 首がすわり、寝返りやハイハイ、つたい歩きを始める。 | 歩行を開始。自由になった手で探索活動をする。 | 歩行のバランスが発達。スプーンが使えるようになる。 | 歩く・走る・跳ぶなどの基本機能が巧みになる。 | 走って跳ぶなど、複数の動きを組み合わせてできるようになる。 |

# 運動機能における保育のポイント

## ハイハイの練習（0歳）

おなかを床につける「ずりばい」から手と膝で進む「四つばい」、膝をのばした「高ばい」までを、順を追って経験させます。

## ひとり歩き（1歳）

ひとりで歩く力をつけていきます。歩行は全身の筋肉の発達が関係しているので、その子に合ったペースで指導します。

## 指先を鍛える（2歳）

紙をちぎって丸めるなど、楽しみながら指先の運動をします。器用ではない子には手順を細分化して、あせらずに指導します。

## とっさの反応（2～3歳）

歩行や走行をたくさん経験させ、転んだときにとっさに手を出し、地面に突く反応を引き出します。

## 道具を使い分ける（3～4歳）

ハサミやえんぴつなどの道具の使い方を指導します。安全面の注意をうながしたあとで、くわしい使い方を説明していきます。

## 異なる動きができる（5歳）

左右の手を反対方向にひねるぞうきん絞りや走りながらボールを蹴るなど、2つの異なる動きを同時にできるように指導します。

*5 覚えておきたい基礎知識その2　保育の内容*

Chapter5　覚えておきたい基礎知識その2　保育の内容

# 保育の内容⑦
# 表現活動

- 表現活動にかかわる指導内容を知る
- 子どもの発達による、表現活動に関する保育の変化を理解する

## イメージの表現で個性を生み出す

　歌、製作、ダンスなどの表現活動は、それ自体の楽しさはもちろん、感情や感性の発達をうながすために重要なものです。頭の中に描いているイメージを目に見える形で表現することは、言葉による表現を増やす訓練になり、同じ題材における表現の違いによって、自分と他者の考えの違いに気づくきっかけにもなります。

　また、表現活動ではさまざまな道具を用います。カスタネットなどの楽器や、クレヨンや絵の具などの画材、ハサミや折り紙、ねんどといった造形に用いる道具・素材は、手先の感覚を育み、表現力を豊かにしていくものです。つまり表現活動は、さまざまな発達を連携させて、子どもの個性をめばえさせるものなのです。

### 表現活動における発達の流れ

| 0歳 | 1歳 | 2歳 | 3歳 | 4歳〜 |
|---|---|---|---|---|
| 身近な人の声や歌に反応し、喃語で応える。 | 水や砂など、自然物の感触を楽しむようになる。 | 歌やお絵かきに興味を持ち、感想を言葉で表現する。 | なぐり描きから具体的な描写に変わる。 | 器用さが増し、頭の中でイメージしたものを作ろうとする。 |

124

# 表現活動における保育のポイント

## 多くの素材に触れる（1歳）

紙やねんど、シールなど、さまざまな素材の感触を体験させ、形が変化する楽しみや、指先の感覚の発達をうながします。

## のりを使う（1〜2歳）

指でのりを塗ることで、接着の楽しさやのりの量の加減を覚えます。万が一、口に入っても大丈夫なのりを使用します。

## ハサミを使う（2〜3歳）

最初に刃物の危険性を伝えたうえで、使い方を指導します。人に渡すときには、持ち手を相手に向けることも教えます。

## 表現意欲を引き出す（3歳）

フィンガーペインティングなどの体を使ったダイナミックな表現を導入して、子どもの表現したい気持ちを引き出します。

## 音楽を楽しむ（3〜4歳）

全身を動かして楽しめる音楽の指導をします。メロディを奏でるよりも、打楽器などで正しいリズム感を身につけさせます。

## ダンス（4歳〜）

リズムに合わせて体を大きく動かすことから始めて、フォークダンスなどのダンスを指導します。

5 覚えておきたい基礎知識その2　保育の内容

Chapter5　覚えておきたい基礎知識その2　保育の内容

# 保育の内容⑧ 人とのかかわり

- 人とのかかわりに関する指導内容を知る
- 子どもの発達による、人とのかかわりに関する保育の変化を理解する

## 幅広い人間関係へのスタートを手助け

　乳児は授乳やおむつ替えなどを介して、保護者や保育士などの大人と1対1の関係を結びます。そこで手に入れた信頼関係をもとにして、他の大人や同年代の子どもとの関係を結ぶようになり、次第に人間関係を広げます。**保育士はその発達を見守り、子どもが人とかかわることで得られる安心感と、情緒の安定に努めます。**

　**人見知りや反抗期などは一見困った反応に思えますが、実は人間関係の広まりを表すものです。**自分と他者を分けて考え、知らない人への興味と恐怖から人見知りが起こり、自分のやりたいことと他者の指示との間の葛藤で反抗期が起こります。子どもがどんな発達段階にあるときでもあせらずに見守り、幅広い人間関係をもつサポートをするのが保育士の役割です。

## 人とのかかわりにおける発達の流れ

| 0歳 | 1歳 | 2歳 | 3歳 | 4歳〜 |
|---|---|---|---|---|
| 生理的微笑から社会的微笑に変化。 | 自分から大人に声を掛ける。人見知りをする子もいる。 | 子ども同士の関係が始まる。けんかも多発する。 | 他人を意識し始め、自我が強くなる。 | 友達との結びつきが強くなり、互いの気持ちを理解する。 |

## 人とのかかわりにおける保育のポイント

### 愛着関係を深める（6か月〜）

子どもと保育士の間に信頼が生まれる「愛着関係」を深めると、子どもは安心して人とのかかわりができるようになります。

### 人見知り（8か月〜1歳）

知らない人への警戒心と興味が入り混じる状態が人見知りです。大人は怖がらせずに、ゆっくりと子どもに近づくようにします。

### 友達との遊び（2〜3歳）

複数の子どもが同じ場所で1人遊びをする「平行遊び」から、みんなで一緒に遊ぶ「連合遊び」に移行させます。

### 自己と他者の理解（3歳）

○○くんも一緒に遊びたかったんだよ

自分と他者の違いを理解したあとで、自分を相手の立場において考えるように指導し、子どもの中に思いやりを育みます。

### ルールを守る（4歳）

2回とんだら、交替しよう！

かくれんぼなどの決まりのある遊びや、道具を特定の場所にしまうことから、集団でのルールを守る大切さを体験させます。

### 人を思いやる気持ち（5〜6歳）

一緒に遊ぼう

仲間の得手・不得手を考えて遊んだり、仲間外れになった子どもの感情を代弁するなど、他者に気を配る様子を見守ります。

5 覚えておきたい基礎知識その2　保育の内容

Chapter5　覚えておきたい基礎知識その2　保育の内容

# 保育の内容⑨ 言葉の獲得

- 言葉の獲得にかかわる指導内容を知る
- 子どもの発達による、言葉の獲得に対する保育の変化を理解する

## 欲求の伝達から、言葉自体を楽しむように

子どもの言葉の習得には、周りの大人などを通して言葉を学んでいくことと、喉の発声機能が発達することの2つがかかわります。

泣くことですべての欲求を伝えていた乳児の首がすわり、喃語（なんご）を話すようになると、発声機能が鍛えられます。その後に「マンマ」などの一語文を話し出し、「ワンワン、いた」などの二語文へと発達して、次第に文脈のある話し方を身につけ、やがて書き言葉につながります。

人間関係が広がると語彙（ごい）も一気に増え、話す言葉を語感の楽しさで選ぶようになります。4歳ぐらいから「バカ」「ウンチ」などの汚い言葉をわざと話す子もいますが、言葉を発する楽しみを奪うことなく、適切な言葉選びを指導しましょう。

## 言葉の獲得における発達の流れ

**1歳**　「マンマ」「ワンワン」などの一語文を話す。

**2歳**　あいさつが言えるようになる。

**3歳**　「わたし」「ぼく」などの一人称を使う。

**4歳**　頭の中で考えたことを独り言で話すようになる。

**5～6歳**　逆さ言葉やしりとりなどの言葉遊びをするようになる。

# 言葉の獲得における保育のポイント

## 言葉のやりとり（1歳）

「アリさんが歩いているね」
「アリさん！」

子どもが話したことに「あれは犬だね。大きいね」などと補足しながら言葉のやりとりをして、語彙を豊かにします。

## あいさつをする（2歳）

場面に合ったあいさつをひとつずつ教えていきます。恥ずかしがって話せない子には、頭を下げるしぐさから指導しましょう。

## 友達と話す（3歳）

「一緒に遊びたいんだって」

最初は保育士が子どもの言いたいことを代弁しながら、子ども同士での言葉のやりとりができるように援助します。

## 人の話を聞く（4歳）

人が話しているときは、手を止めて視線を合わせるなど、話を聞く態度を保育士自らが示し、子どもに指導します。

## 言葉遊び（5歳）

りんご → ゴリラ → ラッパ → パンダ

反対語を言わせるような1対1の遊びや、なぞなぞやしりとりなどの集団遊びの中で、言葉に親しみます。

## 人前で話す（5〜6歳）

「ぼくはきのう…」

自分の体験を人前で話す練習をします。「いつ？」「どこで？」など、保育士が質問をすると、子どもは話しやすくなります。

Chapter5　覚えておきたい基礎知識その2　保育の内容

# 保育の内容⑩ 概念の形成

- 概念の形成にかかわる指導内容を知る
- 子どもの発達による、概念の形成に関する保育の変化を理解する

## 人間関係の基礎となる共通認識を育てる

　人が他者とコミュニケーションをとる場合、共通認識を前提におこないます。季節の春夏秋冬の順番や、ものを数えるのには単位があることなど、一般的な概念を身につけて人間関係の基礎にする必要があります。

　概念の形成の準備段階である1歳過ぎまでは、手が届くものを触ったり口に入れることで、その大きさや形状、感触などを確認します。言語の習得が進むと、目で見たものに名前があって、いくつかの種類に分けられることを知り、実際に目の前になくても、「りんご」と言われたら「赤くて丸い果物」を頭の中でイメージできるようになります。4歳以降には、「大きい・小さい」「重い・軽い」などの区別がつき、時間の概念も身につきます。5歳を過ぎると、野菜の栽培などの科学的な概念を理解できるようになります。

### 概念の形成における発達の流れ

| 1歳 | 2歳 | 3歳 | 4歳 | 5〜6歳 |
|---|---|---|---|---|
| 周りのものすべてを手に取って確認する。 | 絵本の絵が、何を表しているか（「ワンワン」など）を言える。 | 目の前にないものでも、言葉からイメージできる。 | 時間や「大きい・小さい」などの概念が生まれる。 | 野菜の栽培などの科学的な概念が身につく。 |

## 概念の形成における保育のポイント

### 探索活動（10か月～1歳3か月）

手が届くものに触ったり、口に入れたりして確認するので、危険なものを周りに置かず、誤嚥などに注意しましょう。

### 違いを認識（1～2歳）

積み木で色や形の違いを認識させます。粘土を丸めて団子をつくり、「一番大きいのは？」と尋ねて、大きさの認識を育てます。

### 言葉と意味の認識（3～4歳）

誕生日はどのような日なのか、八百屋では何が売っているのかなど、よく用いる言葉とその意味のつながりを教えます。

### 先を見通す力（3～4歳）

「12時にはごはんを食べる」などの習慣を教えて、「12時前には片づけをする」と先を見通した行動ができるようにします。

### 数と数量の概念（4歳）

おままごとで「みかんをみっつください」などの指示を出して、「ひとつ、ふたつ」といった数え方や、単位を教えます。

### 時間の意識（5～6歳）

時刻と生活を結びつけて、「3時はおやつの時間」などの時間の概念を教えます。時計の見方は「時」と「分」に分けて指導します。

## 保育の内容 理解度チェック問題

**問1** 下の文章は、排泄の保育について説明したものである。カッコにあてはまる語句を答えなさい。

- おまるに座らせることが、（ ❶ ）の第一歩になる。
- （ ❷ ）が開いて、子どもが言葉で尿意を伝えられるようになったら、おむつから（ ❸ ）に移行する。
- 自分でトイレに行くようになったら、（ ❹ ）の使い方や拭き方、トイレの履き物をそろえるなどのトイレでの（ ❺ ）を教える。

**問2** 正しいものに○、間違っているものに×をつけなさい。

❶ 乳児にミルクを与えるときは、無言のままでおこなう。

❷ 離乳食は、6か月頃にゆるいペースト状のものから始める。

❸ スプーンやフォークの持ち方は、最初からえんぴつ握りを教える。

❹ 食育も食事の保育の一環である。

❺ 箸の使い方を教えるときは、最初は1本の持ち方から始め、その後に2本持ちを教えるようにする。

**答え**
問1 ❶トイレトレーニング ❷排尿間隔 ❸パンツ ❹トイレットペーパー ❺マナー
問2 ❶× ❷○ ❸× ❹○ ❺○

## 問3 下の❶〜❹は、睡眠の保育について説明した文章である。内容にあてはまる語句を枠の中から選びなさい。

❶ 乳児が睡眠中に亡くなる病気で、うつぶせ寝を避けるなどの防止策が必要になる。

❷ 寝る前に着替えるなど、スムーズに眠りにつくための睡眠前の習慣づけのこと。

❸ 午後にする昼寝のこと。

❹ 生後6か月から分泌が増え、熟睡できるようになる体内物質。

> 成長ホルモン　SIDS　午睡　入眠儀式

## 問4 下の❶〜❹は、衣服の着脱の保育について説明した文章である。カッコ内で正しいほうを選びなさい。

❶ 子どもの靴の着脱をしやすくするには、ひもの{ある・ない}ものを選ぶようにする。

❷ 衣服のたたみ方は、{狭い・平らな}ところで衣服を広げることから教える。

❸ ひもの結び方は{固結び・片結び}から始めて、ちょう結びへと進める。

❹ ボタンのとめ外しの指導を開始する時期は、子どもの{指先・言葉}の発達状態で判断する。

**答え**
問3 ❶ SIDS　❷ 入眠儀式　❸ 午睡　❹ 成長ホルモン
問4 ❶ ない　❷ 平らな　❸ 固結び　❹ 指先

5 覚えておきたい基礎知識その2　保育の内容

## 問5 下の❶～❻は、保育における清潔の指導について説明した文章である。カッコにあてはまる語句を答えなさい。

● うがいは、最初は頬をふくらませる「（ ❶ ）うがい」を教え、喉で音を立てる「（ ❷ ）うがい」に導く。

● 歯みがきの指導では、歯ブラシを（ ❸ ）持ちにすることと、（ ❹ ）分以上磨くことを教える。

● 鼻をかめるようにするには、鼻から（ ❺ ）を出すことを意識させるのがポイントである。

● 清潔であることは、（ ❻ ）の予防にもなることを子どもに伝える必要がある。

## 問6 正しいものに○、間違っているものに×をつけなさい。

❶ 運動の発達は、手足などの末梢部分から胴体の中央部分へと進んでいく。

❷ 空間を移動する大きな運動のことを「微細運動」という。

❸ 歩行はどんな子どもでも、1歳前後でできるようになる。

❹ 転んだときに地面に手を突けるように、たくさんの歩行の練習をさせる必要がある。

❺ ぞうきん絞りやボール蹴りは、2つの異なる動きを同時にするものである。

---

**答え**
問5 ❶ブクブク ❷ガラガラ ❸えんぴつ ❹3 ❺息 ❻病気
問6 ❶× ❷× ❸× ❹○ ❺○

## 問7 カッコ内で正しいほうを選びなさい。

❶ さまざまな素材を表現活動に取り入れることは、{ 指先・視覚 }の発達をうながす。

❷ 頭の中にあるイメージをお絵かきなどで表現することで、{ 文字・言葉 }の表現も増やすことにつながる。

❸ 音楽の指導では、打楽器などで{ リズム感・音程 }を身につけることを優先する。

❹ 子どもが安心して人とのかかわりができるように、保育士との{ 愛着関係・依存性 }を深めることが必要である。

❺ 人見知りは、知らない人への警戒心と{ 興味・信頼感 }が入り混じっている状態である。

❻ 複数の子どもが、同じ場所で1人遊びをすることを{ 連合遊び・平行遊び }という。

❼ 喃語を話すことで発声機能が鍛えられ、1歳前には「ワンワン」などの{ 一語文・二語文 }を話すようになる。

❽ 恥ずかしがってあいさつができない子どもには、{ 目を合わせる・頭を下げる }しぐさからさせてみるとよい。

❾ 1歳過ぎまでは、目に見えるものすべてを触ったり、{ 口に入れ・蹴っ }たりする。

❿ 「12時にはお昼ごはんを食べるので、12時前には手を洗う」といった、{ 先を見通した・その場しのぎの }行動ができるように指導する。

**答え** 問7 ❶指先 ❷言葉 ❸リズム感 ❹愛着関係 ❺興味 ❻平行遊び ❼一語文 ❽頭を下げる ❾口に入れ ❿先を見通した

Column 6

# 保育実習用の名札のつくり方

　保育所へ保育実習に行く場合には、手づくりの名札を持参します（→P.33）。名前を子どもに覚えてもらいやすいデザインを考えることはもちろん、安全面にも配慮が必要です。下記の注意点を参考にして、手づくりしてみましょう。

### 加工が楽な素材を使用する

フェルトなど、切って貼るだけの加工ができる素材を利用しましょう。ただし、ピンの部分は脱落を防ぐために強く縫い留めます。

### 安全ピンは隠すように

留め具は安全ピンを利用します。子どもに外されるのを防ぐためにも、安全ピンは名札の裏につけるようにします。

### 名前は読みやすくはっきりと

名前の文字はフェルトを切って貼ったり、刺繍などで作ります。読みにくい文字にはせずに、はっきりとした字体にします。

### キャラクターものは避ける

保育所によっては、既成のキャラクターをモチーフにすることを禁止しています。動物や季節に合ったモチーフを選びましょう。

Chapter 6

## 覚えておきたい基礎知識その3
# 保育の最新知識

待機児童問題の深刻化から、さまざまな解消策や幼保一元化などが実施されているため、保育現場は変革の中にあり、保育士を取り巻く環境も大きく変わりつつあります。まずは保育環境の現状を知り、今後の変化にも注目しましょう。

> 保育環境の変化で、今後保育士の働き方が変化する可能性があります。就職活動の参考にするためにも、保育の最新知識を知っておきましょう。

Chapter6 覚えておきたい基礎知識その3　保育の最新知識

# 保育所保育指針

- 保育所保育指針とは何か、その内容をくわしく知る
- 2008年の改定では、どのような変更がなされたのか確認する

## 全国共通の保育所ガイドライン

「保育所保育指針」は、1965（昭和40）年に厚生省（現・厚生労働省）によって、保育所の運営に関する全国共通の枠組みとして制定されました。これは現在も、保育所での子どもの健康・安全・発達を保障し、保育の水準を保つためのガイドラインとなっています。

保育所保育指針は、子どもや保護者を取り巻く問題に対応するため、これまでに1990（平成2）年、2000（平成12）年、2008（平成20）年の3回にわたり改定されました。最近の2008年の改定では、右ページのような変更・追加の実施と告示化※がおこなわれ、保育所やそれに準ずる保育施設が最低基準として守るべき指針となり、法的拘束力をもつようになりました。

※国や地方自治体が、必要な事項を明らかにする行為のことを「告示」といい、告示をおこなうように「告示化」された事項は、法律的な意味をもつことになる。

### 保育所保育指針・2008年の改定の背景

**保育が必要な子どもの増加**
共働き家庭やひとり親家庭、家族の看病や介護で育児が困難な保護者も増加している。

**子ども同士で遊ぶ機会の減少**
都市部を中心に公園などの遊び場が減り、子ども同士で遊ぶ機会が減った。

**保護者への支援が必要**
核家族が増え、保護者が育児の不安や悩みを誰にも相談できず、孤立することが増えた。

# 保育所保育指針・2008年の改定点

## 保育所の役割を明確にする

「子どもの健全な心身の発達を図ることを目的とする児童福祉施設」「子どもの最善の利益を考慮する」という、これまでの保育所の役割・目的は受け継がれ、現在の子育て状況を配慮した役割が付け加えられました。

### ✿養護と教育を一体化して実施

保育の二大要素である養護と教育を分けずに、一体化させておこなう。一体化にどのような意義をもたせ、保育を実践するかは、各保育所に一任されている。

### ✿保護者の子育て支援もおこなう

保育士は、子どもの保育はもちろん、保護者の育児の不安や悩みの解消などの子育てサポートにも重点をおく。

### ✿保育所の社会的責任

保育所には、子どもの人格を尊重して保育をおこなうことと、保護者への保育内容の説明や苦情解決の責任がある。

## 保育の内容を充実させる

0歳から就学前の子どもの保育をおこなう保育所の特性を活かし、保育の内容を充実させる記載が増えました。

### ✿保育内容の充実におけるポイント

- 長期的な視野をもって子どもを理解し、発達を見守ることの重要性。
- 保育の内容を「養護」と「教育」の視点から評価する。
- 子どもの安全と健康を守ることを中心にした、保育所の体制づくり。
- 食への正しい知識・関心を育むための、食育の実施。

## 保育の質の向上

保育の質を高めるために、保育士が自分で保育の計画を立てて実践し、評価もおこなうことで、自己研鑽することが求められています。これは、保育の質の向上を、保育士の保育能力の向上につなげることをめざしたものです。

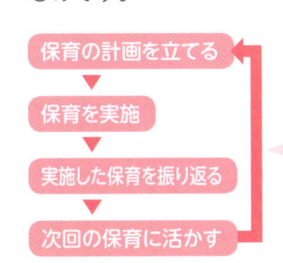

保育の計画を立てる
↓
保育を実施
↓
実施した保育を振り返る
↓
次回の保育に活かす

このくり返しで、保育の質と保育士の保育能力の向上をめざす。

## 小学校との連携

保育所での子どもの成長を小学校での生活や学習につなげるために、保育所が「子どもの育ちを支える資料（保育所児童保育要録）」を作成し、小学校へ送ることが努力義務になりました。小学校との連携は幼稚園ではすでに実施しており、保育所も幼稚園同様に幼児教育の一端を担う施設であると認められたことになります。

6 覚えておきたい基礎知識その3 保育の最新知識

**Chapter6** 覚えておきたい基礎知識その3　保育の最新知識

# 子ども・子育て支援新制度

- 子ども・子育て支援新制度がどのようは背景で実施されたのかを知る
- 新制度での認定制度のしくみを把握する

## 子育て環境の変化に対応した支援の拡充

　近年の子育て環境の変化に対応するため、**子どもと保護者に必要な支援をおこなうことを目的とした「子ども・子育て支援法」が**2012（平成24）年に成立しました。この法律にもとづいて、2015（平成27）年度から開始されたのが「子ども・子育て支援新制度」です。

　制度の中には、保育者1人当たりが担当する子どもの数を減らすなどの保育の質の改善や、保育の場として「地域型保育」（保育所より少人数の単位で0～2歳の子どもを保育する）が加えられるなどの、子どもと保護者が受けられる子育て支援を広げる内容が組み込まれています。

### 地域型保育の種類

**家庭的保育（保育ママ）**
自治体の認定を受けた保育者が、自宅などで保育をおこなう。定員は5人以下。

**事業所内保育**
会社内にある保育施設で、従業員の子どもとともに地域の子どもを保育する。

**小規模保育**
基本的に認可保育所と同様に、施設の設備や運営内容によって、少人数（定員は6～19人）の保育をおこなう。

**居住訪問型保育**
疾患や障害など、さまざまな理由で子どもに個別の世話が必要な場合に、保護者の自宅で1対1で保育をおこなう。

## 認定区分と利用できる施設

　子どもと保護者が教育・保育の施設を利用する場合、利用のための認定を市町村から受ける必要があります。新制度での認定区分と、それぞれの利用できる施設は下記のとおりです。

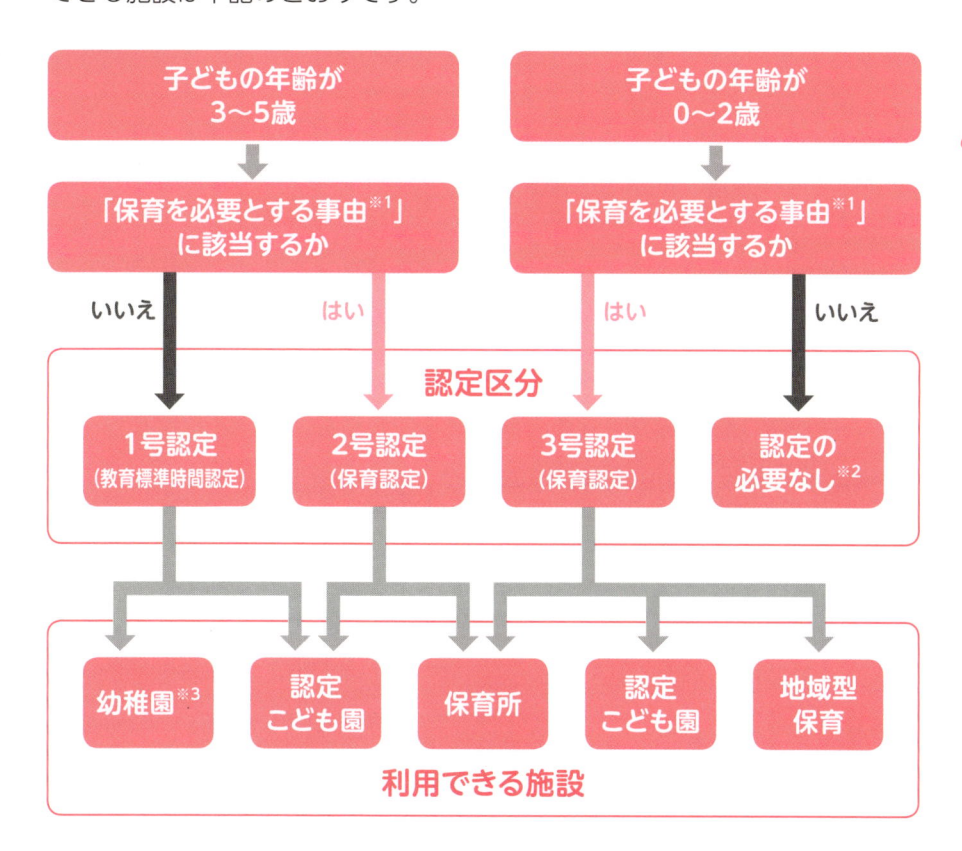

```
子どもの年齢が            子どもの年齢が
  3～5歳                    0～2歳
    ↓                        ↓
「保育を必要とする事由※1」   「保育を必要とする事由※1」
  に該当するか              に該当するか
 いいえ／はい               はい／いいえ
```

【認定区分】
- 1号認定（教育標準時間認定）
- 2号認定（保育認定）
- 3号認定（保育認定）
- 認定の必要なし※2

【利用できる施設】
- 幼稚園※3
- 認定こども園
- 保育所
- 認定こども園
- 地域型保育

---

※1 「保育を必要とする事由」に該当するもの。
- 就労中
- 産後、産前
- 保護者の疾病、障害
- 同居親族等の介護、看護
- 火災などの災害の復旧
- 求職活動（起業準備を含む）
- 就学（職業訓練を含む）
- 虐待やDVの恐れがある
- 育児休暇時の継続利用
- そのほか、市町村の長が認める場合

※2 必要に応じて、一時預かりなどの支援が利用可能。
※3 新制度に移行しない幼稚園を利用する場合、認定の必要はない。

# Chapter6 覚えておきたい基礎知識その3　保育の最新知識

# 幼保一元化と認定こども園

- 幼保一元化が進む背景や流れを確認する
- 認定こども園の機能や内容、4つのタイプについて理解する

## 保育所と幼稚園の機能を一体化

　保育所と幼稚園は、管轄する省庁や果たす役割が明確に区分されています（→P.48）。しかし近年では、幼稚園で延長保育を実施したり、保育所で幼稚園のような幼児教育をおこなうなど、両者の境界があいまいになっています。また、保育所の待機児童の増加が社会問題になっているにもかかわらず、幼稚園の利用者数は減少傾向にあります。

　そこで2006（平成18）年に、「就学前の子どもに関する教育、保育等の総合的な提供の推進に関する法律」（認定こども園法）が制定・施行され、保育所と幼稚園を一元化して、両方の機能をもつ「認定こども園」がつくられました。これにより、空きのある幼稚園の施設を活用した待機児童問題の解消や、地域の子育て支援を手厚くできると期待されています。

### 保育所と幼稚園の利用者数の推移

凡例：
- 保育所利用児童数
- 幼稚園在園者数

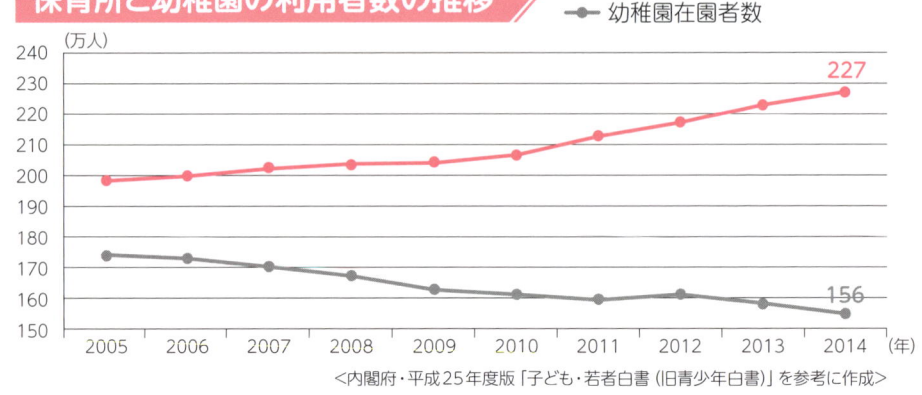

| 年 | 保育所利用児童数 | 幼稚園在園者数 |
| --- | --- | --- |
| 2005 | 約198 | 約174 |
| 2006 | 約200 | 約173 |
| 2007 | 約202 | 約170 |
| 2008 | 約204 | 約167 |
| 2009 | 約205 | 約162 |
| 2010 | 約207 | 約161 |
| 2011 | 約213 | 約160 |
| 2012 | 約217 | 約161 |
| 2013 | 約223 | 約158 |
| 2014 | 227 | 156 |

（単位：万人）

＜内閣府・平成25年度版「子ども・若者白書（旧青少年白書）」を参考に作成＞

## 認定こども園とは

**認定こども園**
- 就学前の保育と教育を一体化
- 地域の子育て支援
- 0歳～就学前のすべての子どもが対象
- 保護者の就労の有無は問わない
- 利用時間は、4時間と8時間の両方に対応

**保育所**（機能をプラス →）
- 0歳～就学前の子どもの保育をおこなう
- 保育は基本的に8時間

**幼稚園**（← 機能をプラス）
- 満3歳～就学前の子どもの教育をおこなう
- 標準で4時間の保育を実施

### 認定こども園の設立によるメリット
- 保護者の就労状況にかかわらず、どんな子どもでも保育と教育を受けられる。
- 保護者の就労状況が変化しても、継続して同じ施設を利用できる。
- 地域の子育て支援の場としても活用されるため、通園していない子どもにとっての交流の場となり、育児相談がしやすい状況をつくることができる。
- 待機児童問題の解消が期待できる。

認定こども園は、設立の方法によって下記の4つのタイプに分けられます。その中でも幼保連携型には、保育士資格と幼稚園教諭免許の両方を取得した保育教諭の配置が必要です。

| タイプ | 内容 | 管轄 |
| --- | --- | --- |
| 幼保連携型 | 元は別々の幼稚園と保育所が、連携して運営する。 | 文部科学省、厚生労働省の両者が管轄する。 |
| 幼稚園型 | 幼稚園が、保育所の機能をプラスして運営する。 | 管轄は文部科学省。学校教育法によって認可される。 |
| 保育所型 | 保育所が、幼稚園の機能をプラスして運営する。 | 管轄は厚生労働省。児童福祉法によって認可される。 |
| 地方裁量型 | 幼稚園・保育所のどちらの認可ももたない施設が運営する。 | 都道府県が条例で定める基準で認定する。 |

6 覚えておきたい基礎知識その3 保育の最新知識

**Chapter6** 覚えておきたい基礎知識その3　保育の最新知識

# 公立保育所の民営化

- 公立保育所の民営化が増えている状況の背景を把握する
- 民営化がどのようにおこなわれるかを知る

## 保育コストの削減と保育ニーズへの対応

　多くの自治体で、公立保育所を民間法人やNPO法人などの民間団体に管理・運営を移管する「民営化」が進んでいます。これには保育コストの削減と、多様化する保育ニーズに応えることの、2つの目的が含まれています。

　財政難が続く自治体では、保育を必要とする子どもが増えているにもかかわらず、保育所や保育職員の雇用を増やすことが難しいのが現状です。また、保護者の働き方が多様化し、早朝や深夜の保育などの幅広い保育ニーズに対応する必要も出てきました。これらの問題を解決するために、民間団体の運営方式や柔軟な対応力を取り入れる自治体が増えています。

## 公立保育所民営化のメリット・デメリット

### メリット
- 早朝保育や休日保育などの「特別保育事業」をはじめとした、多様な保育ニーズに対応した個性的な保育所が増える。
- 自治体の施設運営費の軽減が可能になる。
- 公立よりも低コストで、保育所数や受入児童数を増やせる。
- 公務員定数を抑えることができる。

### デメリット
- コスト削減が優先され、保育士などの職員の長期雇用が難しく、保育の質が低下する可能性がある。
- 備品等購入費など、保護者の負担が増える可能性がある。
- 移管・代行の作業時に、保育士などの職員が大幅に入れ替わることで、保育がおろそかになり、子どもに不安を与えてしまう。

## 指定管理者制度

　公立保育所を含む公営施設の管理・運営の委託先は、かつては官公庁から出資や補助を受ける外郭団体に限られていましたが、2003（平成15）年に施行された「指定管理者制度」によって株式会社やNPO法人などの民間団体にまで広がりました。管理・運営を希望する団体は、下記の手順で地方議会で議決され、「指定管理者」として認められる必要があります。

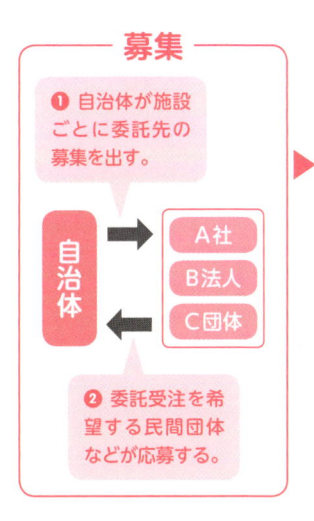

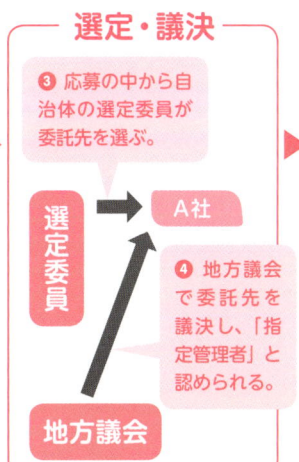

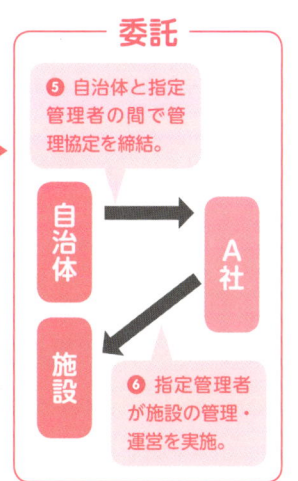

### 募集
❶ 自治体が施設ごとに委託先の募集を出す。

自治体 → A社／B法人／C団体

❷ 委託受注を希望する民間団体などが応募する。

### 選定・議決
❸ 応募の中から自治体の選定委員が委託先を選ぶ。

選定委員 → A社

❹ 地方議会で委託先を議決し、「指定管理者」と認められる。

地方議会

### 委託
❺ 自治体と指定管理者の間で管理協定を締結。

自治体 → A社 → 施設

❻ 指定管理者が施設の管理・運営を実施。

## 公立保育所民営化の方式

　公立保育所を民営化する方式は2つあります。どちらも施設の管理・運営の責任をもつ「運営主体」は委託された民間団体ですが、施設・用地を所有する「施設主体」が自治体か民間団体かに分かれます。

### 民設民営方式
- 公立保育所を一度廃止する。
- 保育所の施設・用地を、自治体が民間団体に譲渡・貸与（施設主体は民間団体）。
- 施設の管理・運営を民間団体がおこなう（運営主体は民間団体）。

### 公設民営方式
- 保育所の施設・用地は、自治体が保有し続ける（施設主体は自治体）。
- 施設の管理・運営を民間団体に委託する（運営主体は民間団体）。

覚えておきたい基礎知識その3　保育の最新知識

# Chapter6 覚えておきたい基礎知識その3　保育の最新知識

# 待機児童問題

- 待機児童問題の現状や問題点を知る
- 問題解消のために政府が実行してきた改革や緊急策を確認する

## 主に都市部に集中

　**待機児童とは、保護者が子どもの保育所入園を希望しても、満員であるために入園待ちしている子どものことです。** 日本では少子化が進んでいるにもかかわらず、1990年代以降待機児童の増加が問題になっており、特に0～3歳児の入園と年度途中からの入園が困難とされています。

　待機児童は首都圏や近畿圏などの人口の多い都市部に集中しているため、大都市への人口集中が第一の原因とされていますが、出産後にも働く女性が増加して保育ニーズが増えているにもかかわらず、保育所などの保育関連施設や保育士が不足していることが原因にもなっています。政府はこれらの原因を解消するためにさまざまな改革や緊急策を実行し、一定の成果は上げているものの、待機児童問題の根本的な解決には至っていません。

### 待機児童数の推移

| 年度 | 人数 |
|---|---|
| 平成13 | 21,031 |
| 14 | 25,447 |
| 15 | 26,383 |
| 16 | 24,245 |
| 17 | 23,338 |
| 18 | 19,794 |
| 19 | 17,926 |
| 20 | 19,550 |
| 21 | 25,384 |
| 22 | 26,275 |
| 23 | 25,556 |
| 24 | 24,825 |
| 25 | 22,741 |
| 26 | 21,371 |

<内閣府・平成25年度版「子ども・若者白書（旧青少年白書）」を参考に作成>

# 待機児童問題に対する国の取り組み

**1995（平成7）年**

### エンゼルプラン
需要の高い保育サービスの整備をおこない、保育システムの多様化・弾力化を推進。

**1999（平成11）年**

### 新エンゼルプラン
エンゼルプランを引き継ぎ、「多様な需要に応える保育サービスの推進」を計画。

**2001（平成13）年**

### 待機児童ゼロ作戦
特に都市部の保育施設の整備をめざし、公設民営方式（→P.145）による公立の保育施設の民営化・民間委託を進めた。

**2003（平成15）年**

### 次世代育成支援に関する当面の取組方針
待機児童を一定数抱える自治体に対し、保育計画を決めることを法制化および義務化。

**2005（平成17）年**

### 子ども・子育て応援プラン
新エンゼルプランを受け継ぐ形で制定。待機児童数が多い95市町村での重点的な整備を推進。

**2008（平成20）年**

### 新待機児童ゼロ作戦
2017（平成29）年度末までに、保育所定員を40万人分増やし、待機児童ゼロをめざす。

**2013（平成25）年**

### 待機児童解消加速化プラン
子どもと保護者が安心して成長・子育てができるように、保育サービスの量と質の拡充を推進。

**2015（平成27）年**

### 保育士確保プラン
「待機児童解消加速化プラン」を確実に実施するために、新たに必要となる約7万人の保育士を2017年度末までに確保。

**2016（平成28）年**

### 待機児童解消に向けて緊急的に対応する施策
待機児童数が多く、その問題解消を積極的に実施している市町村を対象に、保育施設の整備促進などをはじめとする5つの措置を実施。

❻ 覚えておきたい基礎知識その3　保育の最新知識

Chapter6 覚えておきたい基礎知識その3　保育の最新知識

# 無資格者による保育と地域限定保育士

- 無資格者による保育の仕組みを知る
- 地域限定保育士の制度の内容を把握する

## 保育士不足解消の取り組み

　待機児童問題の原因のひとつとされている保育士不足を解消するために、各自治体は待遇を改善するなどの保育士の確保策を打ち出しています。また、厚生労働省もさまざまな取り組みを実施しています。

　最近では、保育所に保育士2人以上の配置を義務付けている配置基準を変更し、**保育する子どもの少ない朝や夕方に限り、保育士1人に加えて、一定の研修を受けた保育士資格をもたない職員による保育を認める特例を2016（平成28）年4月より開始しました。また、国家戦略特別区域※の都道府県内のみで認められる保育士資格を与える「地域限定保育士」の制度**も実施されています。これらの対策で保育士不足の解消が見込まれていますが、全国に60万人以上いるとされる潜在保育士（→P.15）を活用すべきとの声も上がっています。

※国家戦略特別区域法2条において規定された経済特区。

### 各自治体の保育士確保策

| | |
|---|---|
| **東京都** | 2015年度から、保育士1人当たり月平均21,000円の補助金を支給。 |
| **川崎市** | 私立保育所の保育士の給与に加える「処遇改善費」を、現行より1人当たり7,500円増額。 |
| **福岡市** | 2001年度から、1人当たり年間で約10万円のボーナスを支給。 |
| **沖縄県** | 非正規職員を正規雇用した認可保育所に対し、月額6万円を最大12カ月間助成する。 |

## 保育士の配置の緩和とは

「児童福祉施設最低基準」では、保育所に配置する保育士は常に2人以上でなくてはならないと定めていました。それを下記のように緩和・変更し、保育士不足の解消をめざしています。

① 子どもの少ない朝夕は、保育士1人と、研修を受けた無資格者による保育を認める。

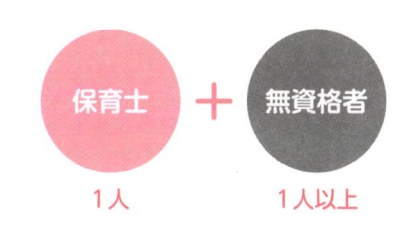

保育士 ＋ 無資格者
1人　　　1人以上

② 配置する保育士数の3分の1以下であれば、幼稚園教諭や小学校教諭、養護教諭の保育も認める。

幼稚園教諭（3〜5歳児を担当）
小学校教諭（主に5歳児を担当）
養護教諭（全年齢を担当）

## 地域限定保育士

2015年に成立した「国家戦略特別区域法及び構造改革特別区域法の一部を改正する法律」により、地域限定保育士（正式名称「国家戦略特別区域限定保育士」）の試験制度が開始されました。内容は下記のとおりです。

① 国家戦略特別区域の都道府県が実施する、年間で2回目の保育士試験の合格者に地域限定保育士の資格を与える。

② 合格者は地域限定保育士として登録後、3年間は受験した特別区域内限定で保育士として働くことができる。

③ 3年を経過したのちには、保育士として全国で働くことができる。

6 覚えておきたい基礎知識その3　保育の最新知識

**Chapter6** 覚えておきたい基礎知識その3　保育の最新知識

# 保育所における食育

- 保育所における食育の役割・目標を確認する
- 保育所での食育の実践方法を知る

## 子どもの食への関心を育てる

　戦後より日本の食事は欧米化し、米中心の食生活から動物性たんぱく質・脂肪の多いものへと変化しました。外食や加工食品などを利用する機会が増え、いつ・どこでも簡単に食べ物を手に入れることができる便利な世の中になりました。反面、健康やダイエットなどの食に関する情報が氾濫し、偏った食事をする人が増えています。

　そこで、食の偏りや乱れを正し、伝統的な食事や食品を見直すことで、子どもの頃から正しく豊かな食への関心を育むことを目的とした「食育基本法」が2005（平成17）年に制定され、現在では「食育」がさまざまな教育・保育施設で実施されています。

### 保育所における食育の目標

**目標**
現在をもっともよく生き、生涯にわたって健康で質の高い生活を送る基本としての「食を営む力」の育成に向け、その基礎を培う。

**目標の達成で期待される子どもの姿**
1. お腹がすくリズムのもてる子ども
2. 食べたいもの、好きなものが増える子ども
3. 一緒に食べたい人がいる子ども
4. 食事づくり、準備にかかわる子ども
5. 食べ物を話題にする子ども

＜厚生労働省「楽しく食べる子どもに〜保育所における食育に関する指針〜」より＞

# 保育所での食育の考え方と実践

## 食べることを通して

おいしく楽しく食べることで、生きる力の基礎を育て、食に関する興味・関心を引き出す。

**実践例**

- 好きな食べ物をおいしく食べる。
- 慣れない食べ物や嫌いな食べ物にも挑戦する。
- 健康と食物の関係について関心をもつ。

## 遊ぶことを通して

子どもたちを思いきり遊ばせてお腹をすかせ、健康に生活させる。また、さまざまな遊びによって、食の話題を広げる。

**実践例**

- 遊びを中心にした、子どもの主体的な活動を大切にする。
- 遊びを通して、総合的な食育を実践する。

## 食文化との出会いを通して

これまでの歴史や伝統を受け継いだ食文化の中で、食生活に必要な基本的習慣・態度を子どもたちに身につけさせる。

**実践例**

- 旬の食材から季節を感じる。
- 郷土料理に触れ、伝統的な日本特有の食事を体験する。
- 外国の食文化に興味や関心をもつ。
- 気持ちよく食事をするマナーを身につける。

## 料理づくりへのかかわり

子どもたちが「食を営む力」の基礎を培うために、自分で料理をつくり、準備する体験を大切にする。

**実践例**

- 料理をつくる人に関心をもつ。
- 食事の準備や後片づけに参加する。
- 自分で料理を選んだり、盛り付けたりする。

## 自然とのかかわり

子どもたち自身で食物を飼育・栽培し、それを食することで、自然の恵み、命の大切さに気づかせる。

**実践例**

- 身近な動植物とふれあう。
- 家畜を自分たちで飼育する。
- 野菜の栽培や収穫をする。

## 人とのかかわり

誰かと一緒に食事をしたり食事の話題を共有することが、愛情や信頼感を育み、食生活の充実につながることに気づかせる。

**実践例**

- 保育士や友だちと一緒に食べる。
- 地域のお年寄りなどさまざまな人と食べる。
- 身近な大人と食事の話題を共有する。

覚えておきたい基礎知識その3　保育の最新知識

<厚生労働省「食を通じた子どもの健全育成（ーいわゆる「食育」の視点からー）のあり方に関する検討会 報告書」を参考に作成>

Chapter6　覚えておきたい基礎知識その3　保育の最新知識

# 統合保育

- 統合保育の内容や目的を知る
- 障害児に対する「合理的配慮」の実施について

## 障害児と健常児がともに歩む社会へ

　心身に障害を抱えた子どもを保育する場合、健常児と分離しておこなう「障害児保育」が主流でした。しかし現在では、**障害のある子どもに必要なサポートをおこないながら、健常児と同一の場で保育をする「統合保育」が多くの保育所で実施されるようになりました**。統合保育により、健常児と障害児が相互によい影響を与え、やがてはともに歩んでいける社会を築くことをめざしています。

　統合保育を実施するにあたって、保育士は障害に関する専門的な知識や、障害児を保育する技能が求められます。また、障害をもつ子ども自身が、統合保育に抵抗やストレス症状を見せていないかを確認しながら保育をおこなう必要があります。

### 統合保育がめざすもの

**障害児**
- 健常児とのふれあいで、発達が促進される。
- 障害児の保護者の不安や疎外感が軽減される。

ともに影響し合いながら育つ

**健常児**
- 障害に対して偏見をもたなくなる。
- 障害者を助けようとする思いやりの心が育つ。

やがては、障害のある子どもたちがいることが、当たり前である社会をめざす。

## 保育所でかかわることの多い障害の例

### 知的障害
物事を判断したり適切な行動をするような、知的能力の発達が遅れている障害のことです。

### 発達障害
自閉症・アスペルガー症候群などの広汎性発達障害、学習障害、注意欠陥多動性障害などの、脳機能に関係する障害です。

### 肢体不自由（したい）
原因が先天的か後天的かにかかわらず、四肢の麻痺や欠損、機能障害のために、日常生活や運動に不自由がある障害です。

### 視覚障害
視力や視野（見える範囲）において、メガネ等の矯正器具を用いても日常生活に支障がある障害のことです。

### 聴覚障害
音声情報を大脳に送る部位のいずれかに障害があり、聞こえにくい、あるいは聞こえない障害のことです。

> すべての障害児に平等な保育の場を提供するのが保育士の役割です。

## 保育所における合理的配慮

2016年4月に施行された「障害者差別解消法」によって、障害を抱える人々が平等に社会参加できるように、**それぞれの障害特性に合わせた配慮である「合理的配慮」**が学校や企業などに求められることになりました。保育所においても、すべての子どもが平等な保育を受けられるように、保育士が下記のような合理的配慮をおこないます。

### 特別扱いはしない
困難なことをさせないのではなく、「できることだけでもやらせてみる」「サポートすればできる」と考えましょう。

### 視覚・聴覚に偏った指示はしない
イラストと文字、声掛けを組み合わせて指示をおこなうことで、どんな障害を抱えている子にも伝わりやすくなります。

### 集中しやすい環境をつくる
物事に集中して取り組めるように、不要なおもちゃや音楽、映像などは周囲から取り除き、シンプルな保育環境を作りましょう。

### 小さな目標を設定する
いきなり高い目標を掲げず、目標を細分化したうえで、1つひとつをコツコツと達成させ、本来の目標に近づいていきましょう。

6 覚えておきたい基礎知識その3 保育の最新知識

# 保育の最新知識 理解度チェック問題

## 問1 正しいものに○、間違っているものに×をつけなさい。

❶ 保育所保育指針はこれまでに3回の改定がおこなわれ、最近では2013年に改定された。

❷ 保育所保育指針の最新の改定では、保育所が小学校と連携すべきであることが追加された。

❸ 子ども・子育て支援新制度で定められた認定区分では、0歳児は対象になっていない。

❹ 幼保一元化とは、幼稚園と保育所を明確に区分することである。

❺ 幼保連携型の認定こども園では、幼稚園教諭免許と保育士資格の両方を取得した保育教諭が勤務する。

❻ 公立保育所を民営化するには、施設も運営もすべて民間団体に移管しなければならない。

❼ 政府は待機児童問題の解決のためにさまざまな改革を実行しているが、まだ根本的な問題解決には至っていない。

❽ 地域限定保育士は、何年経っても限定された地域でしか保育士として働くことができない。

❾ 食育は、2005年に制定された食育基本法にもとづいて実施する。

❿ 統合保育とは、健常児と障害児を分離せずに保育することである。

---

**答え** 問1 ❶× ❷○ ❸× ❹× ❺○ ❻× ❼○ ❽× ❾○ ❿○

## 問2 下の❶～❹の説明にあてはまる語句を枠の中から選びなさい。

❶ 保育の水準を保つために、保育所のガイドラインとして厚生労働省が制定した。

❷ 2012年に制定された、子どもと保護者に必要な支援をおこなうことを目的にした法律。

❸ 2006年に制定された法律で、認定こども園をつくることが定められている。

❹ 2016年4月に施行された、障害を抱える人々が差別されずに暮らせることをめざした社会づくりを定めた法律。

> 認定こども園法　子ども・子育て支援法
> 障害者差別解消法　保育所保育指針

## 問3 下の文章は、公立保育所の民営化の制度について説明したものである。カッコにあてはまる語句を答えなさい。

● 指定管理者制度……株式会社やNPO法人などの（　❶　）が、公立施設の委託を受けられるようになった制度。

●（　❷　）方式……施設や用地の管理や運営のすべてを民間団体に委託する方式。

● 公設民営方式……施設や用地は（　❸　）が保有し続け、施設の管理・運営を民間団体に委託する方式。

---

**答え**
問2 ❶ 保育所保育指針　❷ 子ども・子育て支援法　❸ 認定こども園法
　　❹ 障害者差別解消法
問3 ❶ 民間団体　❷ 民設民営　❸ 自治体

## 問4 下の①～④は、認定こども園の4つのタイプである。それぞれの内容をA～Dから、管轄をア～エから選びなさい。

| タイプ | 内容 | 管轄 |
|---|---|---|
| ❶ 幼保連携型 | A：幼稚園・保育所のどちらの認可ももたない施設が運営 | ア：厚生労働省 |
| ❷ 幼稚園型 | B：別々の幼稚園と保育所が連携して運営 | イ：文部科学省 |
| ❸ 保育所型 | C：幼稚園に保育所の機能をプラスして運営 | ウ：都道府県 |
| ❹ 地方裁量型 | D：保育所に幼稚園の機能をプラスして運営 | エ：文部科学省と厚生労働省の両者 |

## 問5 下の文章は、待機児童問題について説明したものである。カッコにあてはまる語句を答えなさい。

- 現在の保育所は、特に（ ❶ ）～3歳児の入園が困難である。
- 待機児童は、人口の多い（ ❷ ）に集中している。
- （ ❸ ）後も働く女性が増えたことで、保育ニーズが増加している。

---

**答え**
問4 ❶B、エ ❷C、イ ❸D、ア ❹A、ウ
問5 ❶0 ❷都市部 ❸出産

## 問6 下の文章は、保育所における保育士の配置基準の緩和・変更について説明したものである。カッコにあてはまる語句を枠の中から選びなさい。

- 保育士2名の配置が必要だったが、子どもの少ない朝夕は、保育士1人と研修を受けた（ ❶ ）による保育に緩和。

- 配置される保育者数の3分の1以下であれば、（ ❷ ）や（ ❸ ）、（ ❹ ）の保育が可能になるように緩和。

> 幼稚園教諭　無資格者　養護教諭　小学校教員

## 問7 下の❶〜❺のカッコ内で正しいほうを選びなさい。

❶ {給食・食育}とは、子どもの頃から正しく豊かな食への関心を育てることである。

❷ 障害を抱えた人に対し、それぞれの障害特性に合わせた配慮をおこなうことを{合理的・優先的}配慮という。

❸ {発達障害・知的障害}とは、自閉症やアスペルガー症候群などの、脳機能に関係する障害のことである。

❹ 2008年から実施した、待機児童問題に対する政府の取り組みの名称は{新待機児童ゼロ作戦・エンゼルプラン}である。

❺ 地域限定保育士は{過疎化が進んだ・国家戦略特別区域}の都道府県内で認められる資格である。

**答え**
問6　❶ 無資格者　❷ 幼稚園教諭　❸ 小学校教員　❹ 養護教諭　（❷〜❹は順不同）
問7　❶ 食育　❷ 合理的　❸ 発達障害　❹ 新待機児童ゼロ作戦　❺ 国家戦略特別区域

## Column 7

# 読み聞かせにおすすめの絵本

### 1〜2歳児向け

**いないいないばああそび**
（木村裕一　作／偕成社）

たくさんの動物たちが「いないいないばあ」をする絵本です。しかけになっている動物たちの手をめくると、「ばあ！」と動物の顔が出てきます。最後にはサプライズもあり、月齢の低いうちからも楽しめます。

### 3〜4歳児向け

**おしいれのぼうけん**
（古田足日、田畑精一　作／童心社）

言うことを聞かない罰として、保育所のおしいれに入れられた男の子2人のハラハラドキドキの冒険物語です。主人公の2人と一緒に、「ねずみばあさん」や暗いトンネルの恐怖や不安を乗り越える体験ができます。

### 5〜6歳児向け

**100かいだてのいえ**
（岩井俊雄　作／偕成社）

主人公のトチくんが100階建ての家から招待を受け、そのてっぺんをめざして進んでいきます。さまざまな生き物が住む各階で遊んだりしながら上っていく姿を、縦開きでダイナミックに表現しています。

Chapter 7

覚えておきたい基礎知識その4
# 保育士としてのマナー

保育士がよい保育を提供するには、子どもや保護者をはじめとする多くの人々と良好な関係を築かなくてはなりません。そのために必要なマナーや言葉遣い、コミュニケーション能力などをこの章で学び、保育士としてふさわしい言動を身につけましょう。

> 社会人としての基本的なマナーや言葉遣いを覚えることが第一歩です。これらは就職活動で、面接試験を受ける際の立ちふるまいでも役立ちます。

**Chapter7** 覚えておきたい基礎知識その4　保育士としてのマナー

# 気をつけたい言葉遣い

- 保育士が用いるべき正しい言葉遣いを覚える
- 敬語の使い分けを理解する

## 普段の言葉遣いとの違いを意識する

　保育士は子どもや保護者などの多くの人とかかわる仕事であるため、相手やその場の状況に合った正しい言葉遣いをする必要があります。目上の人や外部の人に対してはもちろん、子どもを保育するときにも、言葉の発達を見守る立場として正しい言葉を使わなければなりません。その基本は、正しい敬語を用いることや、ビジネス社会で通用する言葉を使うことです。普段、家族や友人に話すときの言葉との違いを意識しながら、保育士としてふさわしい言葉遣いをマスターしましょう。

### 敬語の種類

**尊敬語**
相手の行為や状態を高めることで、尊敬の気持ちを表す敬語。

例
言う ➡ おっしゃる
待つ ➡ お待ちになる

**謙譲語Ⅰ**
自分の行為や状態を一段下げて表現することで、相手の立場を高める。

例
言う ➡ 申し上げる
もらう ➡ いただく

**謙譲語Ⅱ（丁重語）**
自分の行為や状態を丁寧に表現することで、敬意を表す。

例
言う ➡ 申す
行く ➡ 参る

**丁寧語**
物事を丁寧に言い表す敬語。

例　〜です、〜ます、〜でございます

**美化語**
名詞の頭に「ご」「お」をつけることで、言葉を美しくする。

例　ご入園、お天気

## よく用いる敬語の言い換え

|  | 尊敬語 | 謙譲語 | 丁寧語 |
|---|---|---|---|
| いる | いらっしゃる | おる | います |
| 言う | おっしゃる、言われる | 申し上げる、申す | 言います |
| 見る | ご覧になる、見られる | 拝見する | 見ます |
| 聞く | お聞きになる、聞かれる | うかがう、拝聴する、お聞きする | 聞きます |
| 書く | お書きになる、書かれる | お書きする | 書きます |
| 行く | いらっしゃる、おいでになる | うかがう、参る | 行きます |
| 来る | いらっしゃる、お見えになる、来られる | 参る | 来ます |
| 帰る | お帰りになる、帰られる | 帰らせていただく | 帰ります |
| 思う | お思いになる、思われる | 存じる | 思います |
| 知っている | ご存じである | 存じる、存じ上げる | 知っています |
| 食べる | 召し上がる、お食べになる | いただく、頂戴する | 食べます |
| 会う | お会いになる、会われる | お目にかかる、お会いする | 会います |
| 借りる | お借りになる、借りられる | 拝借する | 借ります |

## 間違えやすい敬語表現

### 敬語を重複させる二重敬語

「二重敬語」は、1つの言葉に同じ種類の敬語を2つ以上加えることで、間違った敬語の使い方です。

✕ お話しになられます
➡ 尊敬語の「お〜なる」と「〜られる」を二重に用いている。

○ お話しになる
○ 話される

### 尊敬語と謙譲語を取り違える

自分の行為・状態に使うべき謙譲語を相手に使うと、相手の立場を下げてしまい、失礼にあたります。

✕ 事務室でお目にかかってください。

○ 事務室でお会いになってください。

### 内部者についての敬語の使い方

保護者などの外部の人と話すときは、「内部者＝身内」と考え、内部者の行為・状態に尊敬語は用いません。

✕ 園長が話をお聞きになります。

○ 園長が話をうかがいます。

覚えておきたい基礎知識その4　保育士としてのマナー

# よくある場面での言葉遣い

### 自己紹介

○○と申します。どうぞよろしくお願いいたします。

> **Point**
> 外部の施設・法人などを訪問したときには、名前の前に「△△保育所から参りました」と自分が所属する施設・法人名を付け加えます。

### 電話でのあいさつ

いつもお世話になっております。

> **Point**
> 電話をかけたときに、名乗る前後に加えるあいさつです。電話を受けたときには、相手が名乗るのを待ち、「○○様ですね」と名前を復唱したあとで、この言葉をつけ加えましょう。

### 返事

かしこまりました。／承知いたしました。

> **Point**
> 指示をされた場合に、了承の気持ちを伝える返事です。メールなどでよく用いられる「了解しました」は、目上の人に対する言葉としてはふさわしくありません。

### 謝罪

申し訳ございません。／失礼いたしました。

> **Point**
> 目上の人や外部の人に対して謝罪する場合には、「ごめんなさい」「すみません」を用いません。また、最敬礼（→ P.165）をして、謝罪の言葉を告げます。

## ビジネスの場面でよく使われる言い換え語

### 日付・時間
- 今日（きょう）
  ➡ 本日（ほんじつ）
- 明日（あした）
  ➡ 明日（みょうにち）
- 明後日（あさって）
  ➡ 明後日（みょうごにち）
- 昨日（きのう）
  ➡ 昨日（さくじつ）
- この前
  ➡ 先日（せんじつ）
- さっき
  ➡ 先程（さきほど）

### 指示語
- これ、ここ、こっち
  ➡ こちら
- あれ、あそこ、あっち
  ➡ あちら
- それ、そこ、そっち
  ➡ そちら
- どれ、どこ、どっち
  ➡ どちら
- どんな
  ➡ どのような

### 人を指すとき
- 誰 ➡ どなた
- あの人
  ➡ あの方、あちらさま
- どの人
  ➡ どの方、どちらさま
- みんな
  ➡ みなさん、みなさま

## 自分や職員たちの呼称

### 自分
- 相手が上司や外部者の場合 ➡ 「私」「ぼく」
- 相手が子どもの場合 ➡ 「○○先生」

**Point**
年齢の低い子どもは、「私」などの一人称が誰を指しているのか理解できません。保育士が自分のことを話す場合は、子どもの視点になって「○○先生」と言います。

### 上司や先輩・同僚の保育士
- 子どもがいる場面 ➡ 「○○園長先生」「○○先生」
- 外部の人に言う場合 ➡ 「○○（苗字で呼び捨て）」「○○園長」「園長の○○」

**Point**
子どもがいる場面では、保育士は子どもから見れば全員「先生」であるため、「先生」とつけて呼びます。外部の人と話す場合は、内部の人には敬称をつけません。なお、「園長」などの役職名は敬称ではありません。

*覚えておきたい基礎知識その4　保育士としてのマナー*

| Chapter7 | 覚えておきたい基礎知識その4　保育士としてのマナー |

# 保育士としての
# マナーと身だしなみ

- 保育士にふさわしいマナーを身につける
- 保育時と出勤時の身だしなみをチェックする

## マナーと身だしなみで得られる信頼感

　保育士にとってのマナーとは、あいさつやお辞儀の仕方、さまざまな立ちふるまいなどの基本的なものが中心になります。**正しいマナーを身につけていると、印象がよくなり、相手に信頼感や安心感を与えることができます。**

　身だしなみもマナー同様に、その人を印象づけるものです。**身だしなみは見た目で自己表現をする「おしゃれ」とは異なり、TPO（時間、場所、場面）に合った身なりをすることです。**保育士の場合は、保育の場にふさわしいだけでなく、衛生面や安全面への配慮を心がけて、清潔さに重点をおいた身だしなみをおこないます。

　どのようなマナーや身だしなみが、子どもや保護者にとって好感がもてるものであり、保育がしやすいものであるのかを考えてみましょう。

### マナーと身だしなみから伝わるもの

**誠実さ**　明るいあいさつや、落ち着いた色合いの身なりをすることで、誠実な人柄を感じてもらえます。

**丁寧さ**　些細なことにでも、細やかな気配りを見せることで、物事を丁寧に扱える人であることが伝わります。

**明るさ**　笑顔や機敏さのある態度で、明るい人物であるイメージを子どもや保護者に与えることができます。

**清潔さ**　保育士の身だしなみは、清潔第一です。普段から清潔を心がけ、衛生面の手本を子どもたちに示しましょう。

## お辞儀と立ちふるまいの基本

### お辞儀

#### 会釈
すれ違うときなどに、あいさつ代わりに使う。上体を腰から15度曲げて、相手の胸元あたりに視線を落とす。

#### 敬礼
来賓を迎えるときや、訪問先で用いるお辞儀。上体を腰から30度曲げる。顔を上げたままにはしないこと。

#### 最敬礼
依頼や謝罪をする際に用いる。上体をゆっくりと曲げ、45度のところで2秒ほど止まり、体を起こす。

### 立つ姿勢
背筋をのばして、両膝をつけて足をまっすぐにそろえる。肩の力は自然と抜くようにする。男性は両手を体の横に置き、女性は手を重ねて体の前に置く。

### 座る姿勢
背筋をのばし、イスの背もたれからこぶし1つ分だけ離れて座る。

男性はこぶし1つ分だけ膝を離し、両手は軽く握って膝の近くに置く。女性は膝とくるぶしをつけて脚を閉じ、手を軽く重ねて太ももの上に置く。

覚えておきたい基礎知識その4　保育士としてのマナー

# 女性保育士の身だしなみ

## 勤務時

**ヘアスタイル**
長い髪はまとめる。前髪が垂れてこないように、ピンなどで留める。

**メイク**
派手な色味は控えて、ナチュラルメイクを心がける。

**服装**
動きやすさを優先して、過度な装飾のあるものや、派手な色合いのものは避ける。

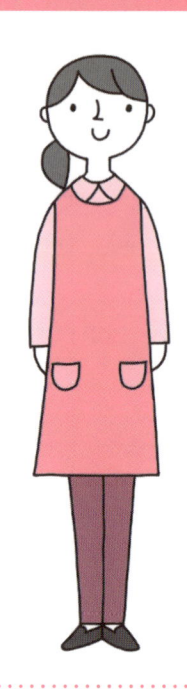

**爪**
子どもを傷つけることがないように、短く切りそろえる。ネイルはNG。

**アクセサリー**
ピアスも含めてすべて外す。結婚指輪の着用は許可している施設が多い。

**腕時計**
子どもを傷つけないように、外す場合が多い。

**靴**
スニーカーなどの運動靴。着脱しやすいように、ひもなしのものを選ぶ。

## 通勤時

**ヘアスタイル**
寝ぐせがついていたり、ボサボサな状態のままにしないこと。

**メイク**
勤務に備えて、健康的に見えるナチュラルメイクにする。

**服装**
カジュアルすぎたり、露出が多いものを避け、シンプルで上品な服装を心がける。

**香水**
強い香りのものはNG。香りつき柔軟剤の使用も避ける。

**アクセサリー**
小ぶりで、シンプルなデザイン・素材のものを選ぶようにする。

**靴**
華美なデザイン・装飾のないパンプスなど。

## 男性保育士の身だしなみ

### 勤務時

**ヘアスタイル**
短めのヘアスタイルにする。明る過ぎるカラーリングはNG。

**服装**
動きやすさを優先する。暑い時期には、汗をかいたときのために着替えを持参。

**爪**
子どもを傷つけないように、短く切りそろえる。

**アクセサリー**
ピアスも含めてすべて外す。結婚指輪の着用は許可している施設が多い。

**腕時計**
子どもを傷つけないように、外す場合が多い。

**靴**
スニーカーなどの運動靴。着脱しやすいように、ひもなしのものを選ぶ。

### 通勤時

**ヘアスタイル**
寝ぐせは必ず直して出勤する。

**髭**
剃り残しがないように、チェックする。

**服装**
勤務先によってはスーツである必要はないが、カジュアル過ぎない清潔感のある服装を心がける。

**香水**
強い香りのものはNG。香りつき柔軟剤の使用も避ける。

**アクセサリー**
大ぶりなものや、カチャカチャと音が鳴るものなどは避ける。

**靴**
歩きやすい革靴など。磨いたものを着用する。

**7 覚えておきたい基礎知識その4　保育士としてのマナー**

**Chapter7** 覚えておきたい基礎知識その4　保育士としてのマナー

# 保護者とのかかわり方

- 保護者とかかわるうえでの心構えを知る
- よくあるシチュエーションで、どのように対応すべきかを確認する

## 保護者が安心できる対応を

　保育士は多くの人とかかわりをもつことが多いため、人間関係が大切な職業であり、**特に保護者との関係は重要です。ともに子どもの成長を見守る立場として、対等の関係を築くように心がけましょう。**

　保護者と保育士は、毎日のように顔を合わせるとはいえども、コミュニケーションに時間をかけられるわけではありません。そのため、子どもの受け渡しなどの短い時間に、**「この保育士なら、安心して子どもを預けられる」と保護者に安心感を抱いてもらうことが大切です。**うそや偽り、思い込みで話をすることなく、適切な対応をするためにも、保護者の話をよく聞いて理解し、求められていることを把握しましょう。

### 保護者とよい関係を築くには

#### 保護者の話をよく聞く
保護者の話に耳を傾けることが、信頼関係を築く第一歩です。保護者のさまざまな気持ちを受け入れ、共感しましょう。

#### 公平に接する
特定の保護者ばかりと話すなど、偏りのある対応は避け、すべての保護者にわけ隔てなく接することが信頼感につながります。

#### 事実にもとづいた話をする
子どもの様子などは、見たままの状況をわかりやすく伝えましょう。思い込みや想像で話をするのは厳禁です。

#### 子育てのパートナーになる
保護者にとって保育士が子どもを育てるパートナーとなれるように、対等な関係を心がけ、互いに力を合わせます。

# 保護者との接し方

### 報告・連絡
「いつ」「どこで」「何があったか」を漏らすことなく、具体的に伝えます。子どもにケガや体調の変化があった場合の連絡は、すみやかにおこないます。

### 依頼
提出物の依頼など保護者に協力をお願いする場合には、相手の忙しさなどを考慮に入れ、「お忙しいところ申し訳ございません」「お手数おかけします」と一言加えます。

### 感謝を伝える
保護者が協力をしてくれたら、早めにお礼を言います。また、「ご協力のおかげで○○をつくることができました」などの具体的な事後報告も付け加えましょう。

### 謝罪
子どもにケガをさせてしまったときなどには、まずは心からの謝罪をおこないます。その後、再発防止などの対策も含めて、原因や経緯を説明します。

### 相談
子育ての相談を受けたら、まずは保護者の話を十分に聞きます。そのうえで、話を聞くだけでいいのか、一緒に解決方法を探すべきかを判断して対応します。

### クレーム
反論やその場しのぎの解決をせず、下記のように丁寧に対応します。

- 他の保護者がいない場所で話す
- ↓
- 保護者の話を漏らさずに聞く
- ↓
- 上司と相談することを保護者に伝える
- ↓
- 上司に報告し、解決策を練る
- ↓
- 解決策を実施
- ↓
- 実施後、問題がないかを保護者に確認する

### 断る
保護者からの要求に応えられない場合、ひとまず保護者の気持ちを受け止め、断らなければならない理由を申し訳ない気持ちとともに伝えます。

**7 覚えておきたい基礎知識その4 保育士としてのマナー**

# Chapter7　覚えておきたい基礎知識その4　保育士としてのマナー

# 個人情報の取り扱い

- 個人情報の取り扱い・保管の注意点について確認する
- 情報の管理において、やってはいけないことを把握する

## 個人情報は法律で保護されている

　個人情報とは、その個人が特定される可能性がある事柄（名前、住所、生年月日など）や、個人にかかわるデータ（写真、既往歴など）を指します。これらは**個人情報保護法によって、適切な取り扱いをするように定められています**。

　保育士は適切な保育の実践のために、子どもや保護者の個人情報を扱ったり、他の保育士と共有することがあります。しかし、それを**外部に漏らすことは、守秘義務があるため許されません**。たとえ家族や友人が相手であっても、子どもや保護者のことを話すのはもちろん、TwitterやFacebookなどのSNSに書き込むことは絶対にしてはいけません。また、子どもや保護者の個人情報のデータを自宅などに持ち出すことも厳禁です。

### 口にしがちな個人情報

| 子どもの登園・お迎えの時間 | 子どもの身長・体重 | 保育士の異動・退職の情報 |
|---|---|---|
| 登園・お迎えの時間は、子どもの家庭の生活状況を知りうる情報であり、保護者の勤務先を推測できるものです。 | 既往歴などの情報と同様に、子どもの身長や体重の正確な数値は、発達を知るための大切な情報のひとつです。 | 保育士の異動や退職は、保護者に尋ねられることが多いものですが、正式な発表までは決して話してはいけません。 |

170

# 個人情報取り扱いの注意点

## 施設内で

### 個人情報のデータは保管場所を決める

家庭状況調査票や保護者の連絡先などは、事務室などの決まった場所に保管し、不用意に他の人の目に触れないようにしましょう。

### 個人情報を書いたメモを置きっぱなしにしない

個人情報をメモしたものは、机などに置きっぱなしにせず、手元で保管します。メモの処分は、シュレッダーでおこないます。

### 子どもの写真掲載は保護者の了承を得る

お便りや施設のホームページなどに子どもの写真を掲載する場合には、必ず保護者に掲載の了承を得るようにしましょう。

### 保護者との会話は他の人がいない場所で

保護者からの相談やクレームは、話の内容自体が個人情報になります。他の人がいない場所を選んで話をするようにしましょう。

## 通勤時やプライベートで

### 個人情報を扱う仕事を家に持ち帰らない

個人情報を含む業務は、家に持ち帰らずに、すべて勤務先でおこなうようにしましょう。パソコンのデータの持ち帰りも厳禁です。

### 書類を網棚に置いたり車の中に残さない

保育に関する書類を持ち歩く場合、電車の網棚に置いたり、車の中に置きっぱなしにすることは、盗難や紛失の危険性があります。

### SNSに保育にかかわる情報を流さない

SNSには、子どもや保護者の情報などを絶対に書き込んではいけません。不特定多数の人々に情報を発信してしまうことになります。

### 保育業務に関する話は絶対にしない

第三者に子どもや保護者の情報を漏らすことは厳禁です。どんな場所、どんな相手でも、保育業務にかかわる話をしてはいけません。

**7 覚えておきたい基礎知識その4　保育士としてのマナー**

## 保育士としてのマナー 理解度チェック問題

### 問1 下線部を敬語に直しなさい。

❶ 履歴書を見ます。

❷ 保護者の皆さんが来ます。

❸ 明日、会えるのを楽しみにしています。

❹ （外部の人に対して）園長がそちらに行きます。

❺ どうぞ食べてください。

❻ 意見を自由に言ってください。

❼ ボールペンを借ります。

❽ ○○さんのことは知っています。

❾ 明日、私は教室にいます。

❿ 市長の話を聞きます。

⓫ 市長が帰ります。

⓬ すでに知っていることかと思います。

⓭ あの絵画はもう見ましたか？

---

**答え** 問1 ❶拝見し ❷いらっしゃい（おいでになり） ❸お目にかかる（お会いする） ❹うかがい（参り） ❺召し上がって（お食べになって） ❻おっしゃって ❼拝借し ❽存じて（存じ上げて） ❾おり ❿うかがい（拝聴し、お聞きし） ⓫お帰りになり（帰られ） ⓬ご存じである ⓭ご覧になり（見られ）

## 問2 下の❶〜❺は、敬語の種類について説明したものである。内容にあてはまる敬語の種類を枠内から選びなさい。

❶ 相手の行為や状態を高めることで、敬意を表す敬語。

❷ 自分の行為や状態を謙遜して表現することで、相手の立場を高くする敬語。

❸ 自分の行為や状態を丁寧に表現することで、敬意を表す敬語。

❹ 語尾を「〜です」「〜ます」などの表現にする敬語。

❺ 名詞の頭に「ご」や「お」をつける。

> 丁寧語　尊敬語　謙譲語Ⅰ　謙譲語Ⅱ　美化語

## 問3 下の❶〜❽を、ビジネスの場面にふさわしく言い換えなさい。

❶ 今日（きょう）

❷ 明日（あした）

❸ 明後日（あさって）

❹ これ

❺ どれ

❻ どんな

❼ 誰

❽ みんな

---

**答え**
問2 ❶尊敬語　❷謙譲語Ⅰ　❸謙譲語Ⅱ　❹丁寧語　❺美化語
問3 ❶本日（ほんじつ）　❷みょうにち　❸みょうごにち　❹こちら　❺どちら　❻どのような　❼どなた　❽みなさん（みなさま）

7　覚えておきたい基礎知識その4　保育士としてのマナー

## 問4 下は保育所に勤務している保育士が、外部者からの電話を受けたときの内容である。カッコにあてはまるふさわしい言葉遣いを枠内から選びなさい。

保育士「はい、○○保育所です」

外部者「お世話になっております。××市役所厚生課の△△です」

保育士「△△様ですね。（ ❶ ）」

外部者「●●園長先生はいらっしゃいますか？」

保育士「（ ❷ ）。園長は外出しております」

外部者「それでは、園長先生に伝言をお願いできませんか？」

保育士「（ ❸ ）」

> 申し訳ございません　いつもお世話になっております
> かしこまりました

## 問5 正しいものに○、間違っているものに×をつけなさい。

❶ 廊下ですれ違った人には、敬礼であいさつをする。

❷ 保育士の身だしなみは、清潔さを重視すべきである。

❸ イスに座るときには、脚を組んでもよい。

❹ 保育士として働く場合、ヘアスタイルは男女ともに自由である。

---

**答え**
問4　❶ いつもお世話になっております　❷ 申し訳ございません　❸ かしこまりました
問5　❶ ×　❷ ○　❸ ×　❹ ×

### 問6 下の❶〜❹は、保護者とのかかわり方について述べた文章である。カッコ内で正しいほうを選びなさい。

❶ 子どもの体調に変化があった場合、保護者には ｛すみやかに・後回しにして｝ 伝える。

❷ 保護者に何らかの依頼をする場合、相手の ｛自宅の場所・忙しさ｝ を考慮に入れる。

❸ 子どものケガなどについて保護者に謝罪をするときには、｛言い訳・再発防止策｝ を含めて説明する。

❹ 保護者からのクレーム対応をおこなう場合、｛上司に報告して・自分1人で｝ 解決策を練るようにする。

### 問7 正しいものに○、間違っているものに×をつけなさい。

❶ 個人情報が書いてあるメモは、シュレッダーで処分する。

❷ 保育に関する書類を持ち出した際、自家用車の中に書類を置きっぱなしにしてもよい。

❸ 子どもの写真を「保育所だより」に掲載する場合、必ず保護者に掲載の許可をもらう。

❹ 勤務している保育所に有名人の子どもが通園していることを、SNSに書き込んでもよい。

---

**答え**
問6 ❶すみやかに ❷忙しさ ❸再発防止策 ❹上司に報告して
問7 ❶○ ❷× ❸○ ❹×

7 覚えておきたい基礎知識その4 保育士としてのマナー

## Column 8

# 入園式・卒園式の身だしなみ

　入園式や卒園式での保育士の服装は、入園・卒園する子どもと保護者に対するお祝いと敬意を表すものです。子どもと保護者が主役であることを念頭におき、正しい身だしなみを覚えておきましょう。

### 入園式の場合

【女性】　【男性】

入園式は春におこなわれることが多いので、女性は黒色などのダークな色合いよりも、ベージュなどの季節に合った華やかなスーツが好まれます。男性は紺色などのスーツにします。

### 卒園式の場合

【女性】　【男性】

卒園式は、入園式よりもフォーマルな場になります。女性は紺色や黒色のスーツに、コサージュなどで華やかさをプラスします。男性は黒色の礼装に白色のワイシャツとネクタイをします。

## Chapter 8

## 保育士の専門常識・基礎知識
# 総まとめ問題集

この総まとめ問題集では、Chapter1～7の内容を復習することができます。本書をひと通り読み、各章の最後にある「理解度チェック問題」で正解できるようになったら、力試しにこの問題集に取り組み、得た知識を確かなものにしましょう。

理解したことや覚えたことを忘れないためにも、この「総まとめ問題集」をくり返し解いて本書の内容を復習し、保育士になるための一歩を踏み出しましょう。

## 保育士の専門常識・基礎知識 総まとめ問題集

### 問1 下の❶〜❾のカッコ内で正しいほうを選びなさい。

❶ 保育士の仕事の内容は、{児童福祉法・学校教育法}で規定されている。

❷ 保育所で保育士がおこなう保育の内容は、養護と{指導・教育}に分けられる。

❸ 保育士として働くには、保育士資格取得後に{市町村・都道府県知事}に対して登録をする必要がある。

❹ 保育士資格は{国家資格・民間資格}である。

❺ 保育士資格は、{高等学校・保育士養成校}を卒業すると同時に取得ができる。

❻ 保育士試験を受験して保育士資格を取得する場合、{8・10}科目の筆記試験と2科目の実技試験に合格しなくてはならない。

❼ 保育士養成校の中で幼稚園教諭一種免許も取得できるのは{4年制大学・短期大学}である。

❽ 保育士養成校のカリキュラムは、{4年・2年}で学ぶことを前提につくられている。

❾ 担当の保育士を手伝う形で保育にかかわる実習を{部分実習・参加実習}という。

---

**答え** 問1 ❶児童福祉法 ❷教育 ❸都道府県知事 ❹国家資格 ❺保育士養成校 ❻8 ❼4年制大学 ❽2年 ❾参加実習

## 問2 下の文章は、保育士試験について述べたものである。カッコにあてはまる数字を答えなさい。

- 保育士試験は、各都道府県で毎年（ ❶ ）回実施される。
- 受験科目は筆記試験が（ ❷ ）科目、実技試験は3科目の中から選択した（ ❸ ）科目である。
- 合格するには、1科目あたり（ ❹ ）割以上の正答が必要で、一度に全科目合格するのは難しい試験である。

## 問3 正しいものに○、間違っているものに×をつけなさい。

❶ 全日実習をおこなう際には、指導案を提出する必要がある。

❷ 実習の準備として、エプロンは1枚だけ用意しておく。

❸ 実習に必要なものを入れるバッグは、ファスナーなどの金具のない安全なものを選ぶ。

❹ 実習の前には、子どもの発達に合わせた遊びをいくつか用意しておく。

❺ 実習中に子どもがケガをした場合、軽い程度ならば、担当の保育士に報告しなくてもよい。

❻ 実習の際に使用する名札は、名前の部分が読みやすいように作成する。

❼ 実習日誌は、その日の実習を振り返るために記入するものである。

---

**答え**
問2 ❶2 ❷8 ❸2 ❹6
問3 ❶○ ❷× ❸○ ❹○ ❺× ❻○ ❼○

## 問4 下の❶～⓬の児童福祉施設の説明に該当するものを、A～Lより選びなさい。

❶ 保育所
❷ 認定こども園
❸ 児童厚生施設
❹ 助産施設
❺ 障害児入所施設
❻ 児童発達支援センター
❼ 乳児院
❽ 児童養護施設
❾ 児童家庭支援センター
❿ 母子生活支援施設
⓫ 児童自立支援施設
⓬ 情緒障害児短期治療施設

A：配偶者のいない母親とその子どもを保護する施設

B：保護者のもとで生活できない2歳未満の乳幼児のための施設

C：保護者が保育できない0歳から就学前の子どもを保育する施設

D：障害のある子どものための入所施設

E：障害のある子どものための通所施設

F：軽度の情緒障害がある子どもが治療を受ける施設

G：家庭で生活ができない子どもが20歳まで生活する入所施設

H：不良行為をする子どもの指導をおこなう施設

I：経済的な理由で入院・助産ができない妊産婦の出産を手助けする施設

J：保育所と幼稚園の両方の機能をもった施設

K：子どもに遊びや活動の場を提供する施設

L：さまざまな問題を抱えた子どもや家庭に、早期のサポートをおこなう施設

**答え** 問4 ❶C ❷J ❸K ❹I ❺D ❻E ❼B ❽G ❾L ❿A ⓫H ⓬F

## 問5

下の表は、保育所と幼稚園の違いを比較するものである。カッコにあてはまる語句を答えなさい。

|  | 保育所 | 幼稚園 |
| --- | --- | --- |
| 管轄 | （ ❶ ） | 文部科学省 |
| 根拠法 | 児童福祉法 | （ ❷ ） |
| 保育内容の基準 | （ ❸ ） | 幼稚園教育要領 |
| 対象となる子どもの年齢 | 0歳から就学前まで | 満（ ❹ ）歳から就学前まで |
| 配属される保育者 | （ ❺ ） | 幼稚園教諭 |

## 問6

❶～❸の保育所の、概要をA～Cより、特徴をア～ウより選びなさい。

❶ 認可保育所　　❷ 認可外保育所　　❸ 認証保育所

| 概要 |
| --- |
| A：都民の多様な保育ニーズに応えるための、東京都限定の保育所。 |
| B：国の保育所の設置基準を満たし、認可された保育所。 |
| C：国の保育所の設置基準を満たせず、認可されていない保育所。 |

| 特徴 |
| --- |
| ア：保育料が比較的安い |
| イ：駅前に開設するA型と、小規模なB型がある |
| ウ：保護者の居住地にかかわらず利用が可能 |

**答え**
問5 ❶厚生労働省　❷学校教育法　❸保育所保育指針　❹3　❺保育士
問6 ❶B、ア　❷C、ウ　❸A、イ

**問7** 下の❶～❹は、指導計画について説明した文章である。カッコ内で正しいほうを選びなさい。

❶ 年間計画は1年間の保育を計画するもので、保育所の場合は｛保育課程・月案｝を参考にして作成する。

❷ 月案は、｛前年・前月｝の子どもの様子を踏まえて、さらに成長をうながすように保育を計画するものである。

❸ 週案で屋外の活動を計画するには、事前に｛天候・道順｝の確認をしておくとよい。

❹ 日案で計画した工作が、その日のうちに完成までたどり着けなかった場合、翌日の活動として｛もち越してもよい・もち越さない｝。

**問8** 下の❶～❸に該当する、保育士とともに働く職業を枠内から選びなさい。

❶ 給食や食育で連携

❷ 子どもの疾患への助言・支援

❸ 子どもが抱える問題の解決のために連携

| 医師　児童福祉司　栄養士　管理栄養士　看護師　児童心理司　調理師　臨床心理士 |
| --- |

**答え**
問7 ❶ 保育課程　❷ 前月　❸ 天候　❹ もち越してもよい
問8 ❶ 栄養士、管理栄養士、調理師　❷ 医師、看護師
　　❸ 児童福祉司、児童心理司、臨床心理士

**問9** 下の❶〜❺の内容にあてはまる、子どもの発達にまつわる語句を枠内から選びなさい。

❶ 生後2か月ぐらいまでに見られる、生まれつきできる反射反応。

❷ 生後1か月までに見られる、眠っているときの笑っているような表情。

❸ ❷とは対照的に、あやされた反応で笑うこと。

❹ 「ワンワン、いる」などの、2つの語句で構成された話し言葉。

❺ 子どもの発達を月齢・年齢で区切らずに、ひとつの流れとしてとらえる考え方。

生理的微笑　発達の連続性　二語文　原始反射　社会的微笑

**問10** 下の❶〜❺の発達区分において、指先の発達にふさわしい内容をA〜Eより選びなさい。

❶ 2歳代
❷ 3歳代
❸ 4歳代
❹ 5歳代
❺ 6歳代

A：衣服のボタンのかけ外し
B：三角形を描く
C：スプーンの柄をえんぴつ持ちする
D：ひもをちょう結びにする
E：箸での食事

**⑧ 保育士の専門常識・基礎知識　総まとめ問題集**

**答え**
問9　❶原始反射　❷生理的微笑　❸社会的微笑　❹二語文　❺発達の連続性
問10　❶C　❷A　❸E　❹B　❺D

**問11** 下の❶～❺の保育の内容は、子どものどのような発達にかかわるのか、枠内から選びなさい。

❶ 鼻のかみ方を指導する。

❷ 箸の使い方を教える。

❸ SIDSの防止策を徹底して実施する。

❹ トイレでドアをノックすることを教える。

❺ ひもの結び方を教える。

> 排泄　食事　睡眠　衣服の着脱　清潔

**問12** 下の❶と❷を実施するための正しい指導の過程を、A～Cを順番に並べて示しなさい。

❶ トイレトレーニング

A：おむつからパンツへ移行する。
B：おまるに座らせる。
C：自分からトイレに行く。

❷ 箸の使い方

A：1本持ちをさせる。
B：箸を使うときのマナーを教える。
C：2本持ちをさせる。

**答え**
問11 ❶清潔 ❷食事 ❸睡眠 ❹排泄 ❺衣服の着脱
問12 ❶B→A→C ❷A→C→B

**問13** 正しいものに○、間違っているものに×をつけなさい。

❶ 2008年の改定において、保育所保育指針はまだ公示化されていない。

❷ 現在の保育所保育指針では、保育士が自分で保育の計画を立てて実践し、評価もおこなうことを求めている。

❸ 子ども・子育て新制度では、4種類の「地域型保育」が保育の場として加えられた。

❹ 認定こども園には、「幼保連携型」「幼稚園型」「保育所型」の3種類がある。

❺ 幼保連携型の認定こども園は、都道府県が認定する。

❻ 公立保育所を民営化する場合、管理・運営を委託できるのは、外郭団体だけである。

❼ 公設民営方式の民営化では、施設や用地は自治体が保有し続ける。

❽ 2013年に政府がおこなった少子化対策の政策の名称は「新待機児童ゼロ作戦」である。

❾ 日本では、待機児童の増加が全国各地で問題になっている。

❿ 地域限定保育士は、資格を取得すれば、全国どこでも保育士として勤務できる。

⓫ 以前は障害児を健常児と分離して保育していたが、現在では分離せずに保育する「統合保育」が主流になっている。

**答え** 問13 ❶× ❷○ ❸○ ❹× ❺× ❻× ❼○ ❽○ ❾× ❿× ⓫○

### 問14 下の❶と❷は、公立施設の民営化の方式である。それぞれの施設や用地の保有の状況と、施設の管理・運営について、A・B、ア・イから選びなさい。

❶ 民設民営方式

❷ 公設公営方式

| 施設や用地の保有 |
| --- |
| A：自治体が民間団体に譲渡・貸与 |
| B：自治体が保有 |

| 施設の管理・運営 |
| --- |
| ア：自治体がおこなう |
| イ：民間団体がおこなう |

### 問15 下の❶～❹は、地域限定保育士について説明した文章である。カッコ内で正しいほうを選びなさい。

❶ 地域限定保育士になるには、国家戦略特区の都道府県が1年に2回実施する保育士試験のうち、{1回目・2回目}に合格する必要がある。

❷ 保育士試験に合格して登録したのち、{1年間・3年間}は受験した特区内でしか働くことができない。

❸ ❷の後は、保育士として{全国・指定された都道府県}で働くことができる。

❹ 地域限定保育士の試験制度開始のきっかけとなった「国家戦略特別区域法及び構造改革特別区域法の一部を改正する法律」は、{2015・2016}年に成立した。

**答え**
問14 ❶A、イ ❷B、イ
問15 ❶2回目 ❷3年間 ❸全国 ❹2015

**問16** 下の表は、よく用いる敬語の言い換えを表したものである。カッコにあてはまる敬語を答えなさい。

|  | 尊敬語 | 謙譲語 |
|---|---|---|
| 言う | （ ❶ ）、言われる | 申し上げる、申す |
| 見る | ご覧になる、見られる | （ ❷ ） |
| 行く | いらっしゃる、おいでになる | （ ❸ ）、参る |
| 知っている | （ ❹ ） | 存じる、存じ上げる |
| 食べる | （ ❺ ） | （ ❻ ）、頂戴する |
| 思う | お思いになる、思われる | （ ❼ ） |
| 借りる | お借りになる、借りられる | （ ❽ ） |
| いる | いらっしゃる | （ ❾ ） |

**問17** 下の❶〜❸のカッコ内で正しいほうを選びなさい。

❶ 外部者と話すとき、内部者の行為・状態には｛尊敬語・謙譲語｝を用いる。

❷ 女性が保育士として働く場合、｛ナチュラルメイク・しっかりとしたメイク｝を心がける。

❸ 個人情報を含むデータは、自宅に｛持ち帰ってもよい・持ち帰ってはいけない｝。

**答え**
問16 ❶ おっしゃる ❷ 拝見する ❸ うかがう ❹ ご存じである ❺ 召し上がる ❻ いただく ❼ 存じる ❽ 拝借する ❾ おる
問17 ❶ 謙譲語 ❷ ナチュラルメイク ❸ 持ち帰ってはいけない

# 索引【INDEX】

## 英数字

SIDS（乳幼児突然死症候群）……… 117

## あ行

愛着関係 …………………………… 127
医師 …………………………… 80、81
院内保育 …………………………… 51
栄養士 ………………………… 80、81
駅型保育 …………………………… 51
会釈 ………………………………… 165
円錯画 ……………………………… 95
エンゼルプラン …………………… 147

## か行

学童保育 ………………………… 47、68
学校教育法 ……………… 48、49、143
家庭的保育 …………………… 51、140
看護師 ………………………… 80、81
観察実習 …………………………… 32
管理栄養士 …………………… 80、81
教育課程その他の教育及び保育内容
　………………………………………… 70
居住訪問型保育 ………………… 140

敬礼 ………………………………… 165
月案 …………………… 70、71、73、74
原始反射 ……………… 90、91、92
謙譲語 ………………………… 160、161
公設民営方式 …………………… 145、147
合理的配慮 ………………………… 153
高齢者施設併設 …………………… 51
個人情報保護法 ………………… 170
午睡 … 35、65、92、95、116、117
午前睡 ……………………… 116、117
国家資格 ………………… 13、20、22
国家戦略特別区域法及び構造改革特別
　区域法の一部を改正する法律 …… 149
子ども・子育て応援プラン ……… 147
子ども・子育て支援新制度
　………………………………… 140、141

## さ行

最敬礼 ……………………………… 165
参加実習 …………………………… 32
視覚障害 …………………………… 153
自我の拡大 ………………………… 97
自我の充実 ………………………… 97
事業所内保育 …………………… 51、140
次世代育成支援に関する当面の取組方針
　………………………………………… 147
肢体不自由 ………………………… 153
実習日誌 ………………… 32、33、36
指定管理者制度 …………………… 145

指導案 ……………… 32、35、37
児童家庭支援センター ……… 45
児童館 ………………… 45、68
指導計画 …………… 65、70、71
児童厚生施設 ……………… 45
児童自立支援施設 …………… 46
児童心理司 ……………… 80、81
児童発達支援センター …… 46、67
児童福祉司 ……………… 80、81
児童福祉施設
 ……… 12、31、32、44、45、46、64、80
児童福祉施設最低基準 ……… 149
児童福祉法
 ……………… 20、22、44、48、49、143
児童福祉法施行令 …… 20、22、52
児童養護施設 ……… 15、45、66
社会的微笑 …………… 91、126
週案 …………… 70、71、74、75
障害児入所施設 ……………… 46
障害者差別解消法 …………… 153
小学校教員 ……………… 80、81
小規模保育 …………… 51、140
情緒障害児短期治療施設 …… 46
食育 …… 73、114、115、150、151
食育基本法 ………………… 150
助産施設 …………………… 45
新エンゼルプラン …………… 147
新待機児童ゼロ作戦 ………… 147
ずりばい ……………… 93、123
生理的微笑 …………… 91、126
潜在保育士 …………… 15、148
全日実習 ……………… 32、35、37
粗大運動 ………………… 122
尊敬語 ………………… 160、161

## た行

待機児童解消加速化プラン ……… 147
待機児童解消に向けて
緊急的に対応する施策 ……… 147
待機児童ゼロ作戦 …………… 147
待機児童問題
 ……… 142、143、146、147、148
高ばい ………………… 93、123
探索活動 ………………… 131
男性保育士 … 13、52、53、79、167
地域型保育 ………………… 140
地域限定保育士 ……… 148、149
知的障害 ………………… 153
聴覚障害 ………………… 153
調理師 …………………… 80、81
つたい歩き …………… 92、93、122
丁寧語 ………………… 160、161
トイレトレーニング … 96、112、113
統合保育 ………………… 152

## な行

喃語 ……………… 90、91、124、128
二語文 …………… 94、97、128
二重敬語 ………………… 161
日案 ……………………… 70、75
乳児院 …………………… 15、45
認可外保育所 ………… 50、51
認可保育所 …………… 50、51
認証保育所 …………… 50、51

認定こども園
　……24、45、70、81、142、143、
寝返り………………90、91、93、122
年間計画………………………70、72、73

## は行

発達過程……………………………88
発達障害……………………………153
発達の連続性………………………88
美化語………………………………160
微細運動……………………………122
人見知り………92、93、126、127
病児保育……………………………47
病棟保育……………………………47
部分実習……………………32、35、37
ベビーシッター………44、47、69
保育課程……………………………70、72
保育教諭…………………………24、143
保育士確保プラン……………………147
保育士資格……13、15、22、23、24、
　25、26、28、29、143、148
保育士試験……13、23、24、25、26、
　27、149
保育士宿舎借り上げ支援事業……54、55
保育士証……………………………22、23
保育実習………29、32、33、34、35
保育士登録制度……………………22、23
保育士・保育所支援センター………15
保育所………12、35、44、45、46、
　47、48、49、50、51、64、65、70、
　76、80、81、138、139、142、143、
　144、145、146、150、151、153

保育士養成校……13、23、24、28、
　29、30、32、46、53
保育所児童保育要録……………………139
保育所保育指針
　……14、88、89、49、138、139
母子生活支援施設…………………46

## ま行

民営化…………………………144、145
民設民営方式……………………145
名称独占資格……………………22

## や行

養護教諭……………………………149
幼稚園
　……45、48、49、139、142、143
幼稚園教諭……24、26、27、28、29、
　49、80、81、143、149
幼保一元化…………………………142
四つばい……………………………93、123

## ら行

離乳食………………92、93、114、115
臨床心理士…………………………81

## おわりに

　待機児童問題、保育所不足、保育士不足……。近年、子どもの保育環境について、多くの話題がニュースで取り上げられています。保育士についても、雇用問題などの決して明るいとはいえない話題が多いですが、それは保育士を必要とする人々が声を上げているからに他なりません。

　保育士の仕事は重労働であり、高度なコミュニケーション能力が求められるため、誰でもできるものとはいえません。そのために保育士として働くには、国家資格としての保育士資格が必要であり、さまざまな保育の知識・技術を身につける必要があります。

　そんな「子育ての専門家」といえる保育士を求める声が高まっている今こそ、保育士を志望するみなさまには、現役の保育士以上に向上心をもっていただきたいのです。施設内の子どもを保育するだけにとどまらず、地域社会の子どもや保護者の支援、ひいてはこの国全体の子育て・保育環境が世界に誇れるものになるよう、尽力していただきたいと願っています。

　ここでエピソードをひとつご紹介しましょう。ベテラン保育士のYさんが勤務する保育所に、数人の保育実習生がやってきました。その中には、20年前にYさんが保育を担当したSさんがいたのです。「Y先生にあこがれて、私も保育士の道を選んだんです」と話すSさんを見て、Yさんは心から「この仕事をやっていてよかった」と実感しました。保育士である自分の姿を見て、保育士の道を選んだ子どもが現れたことは、自分の保育に間違いがなかったと確信したからです。このように保育士の仕事の結果は、目の前の子どもの成長や発達としてだけでなく、長い時間をかけて表れることもあるのです。

　保育士は、子どもの成長と安全を保証する児童福祉を根本から支える存在です。普段は表に立つことはありませんが、保育士の手によって成長した子どもたちが大きく羽ばたいていくことが、大きな社会貢献になり、よりよい社会の実現に役立っています。

　そして保育士が保育する子どもたちの中には、未来の保育士が含まれています。彼らがまた次世代の子どもを支えることが、児童福祉はもちろん、社会全体の福祉をよりよいものに導いてくれると信じています。

LEC 東京リーガルマインド講師<br>
木梨美奈子

🌸 監修

**木梨美奈子**（きなし・みなこ）

LEC東京リーガルマインド講師。現在東京福祉専門学校、東京福祉大学でも講師を行っている。東京音楽大学声楽科を卒業後、保育士養成分野では音楽理論、音楽実技を指導。その後、慶應義塾大学法学部卒業後は、大手資格スクールで保育士国家試験科目「社会福祉」「児童家庭福祉」などの法令関連の科目を担当。平成12年に自らも保育士国家試験に合格し、現在は全科目の試験対策講座を担当。試験の傾向と対策の分析が的確であり、多くの保育士試験受験者から支持されている。また、大学や専門学校などの保育士・幼稚園教諭の専門学科でも広く指導している。今後は、現役の保育士・幼稚園教諭のサポートにも尽力。

🌸 STAFF

| | |
|---|---|
| 編集協力 | スタジオダンク（渡邊雄一郎） |
| | 三浦由子 |
| 本文デザイン | スタジオダンク（菅沼祥平、山岸蒔） |
| イラスト | イイノスズ |

受験する前に知っておきたい
# 保育士の専門常識・基礎知識

| | |
|---|---|
| 監修 | 木梨美奈子 |
| 発行者 | 櫻井英一 |
| 発行所 | 株式会社 滋慶出版／つちや書店 |
| | 〒100-0014 |
| | 東京都千代田区永田町2-4-11 |
| | TEL 03-6205-7865 |
| | FAX 03-3593-2088 |
| | E-mail　shop@tuchiyago.co.jp |
| 印刷・製本 | 日経印刷株式会社 |

© Jikei Shuppan Printed in Japan　　　http://tuchiyago.co.jp

落丁・乱丁は当社にてお取り替え致します。
許可なく転載、複製することを禁じます。

この本に関するお問い合せは、書名・氏名・連絡先を明記のうえ、上記FAXまたはメールアドレスへお寄せください。なお、電話でのご質問はご遠慮くださいませ。また、ご質問内容につきましては「本書の正誤に関するお問い合わせのみ」とさせていただきます。あらかじめご了承ください。